Lernthriller Spanisch

En las garras del Tigre

Mario Martín Gijón

Compact Verlag

Bisher sind in dieser Reihe erschienen:
■ Spanisch: B1
■ Englisch: B1, B2
In der Reihe Compact Lernkrimi sind erschienen:
■ Englisch, Französisch, Italienisch, Spanisch: B1, B2
■ Englisch GB/US, Business English: B1, B2
■ Deutsch: B1
■ Sammelband Lernkrimi Englisch: B1/B2
In der Reihe Compact Lernkrimi Kurzkrimis sind erschienen:
■ Englisch, Französisch, Italienisch, Spanisch, Deutsch: A2
In der Reihe Compact Lernkrimi History sind erschienen:
■ Englisch: B1, B2, Italienisch: B1
In der Reihe Compact Lernstory Mystery sind erschienen:
■ Englisch: B1, B2
In der Reihe Compact Lernkrimi Hörbuch sind erschienen:
■ Englisch: B1, B2, Business English: B2
■ Französisch, Italienisch, Spanisch: B1
In der Reihe Compact Lernkrimi Sprachkurs sind erschienen:
■ Englisch für Anfänger: A1/A2
Lernziele: ■ Grundwortschatz, Grammatik (A2, B1)
■ Aufbauwortschatz, Konversation (B2)
In der Reihe Compact Schüler-Lernkrimi sind erschienen:
■ Englisch, Französisch, Spanisch, Latein, Deutsch, Mathematik, Physik, Chemie

Weitere Titel sind in Vorbereitung.

Chefredaktion: Dr. Angela Sendlinger
Redaktion: Paulina Palomino
Fachredaktion: Angela Cuevas Alcañiz
Produktion: Wolfram Friedrich
Titelillustration: Karl Knospe
Typographischer Entwurf: Maria Seidel
Umschlaggestaltung: Carsten Abelbeck

ISBN: 978-3-8174-7785-2
7277852

Besuchen Sie uns im Internet: www.compactverlag.de, www.lernkrimi.de

Vorwort

Mit dem neuen, spannenden Compact Lernthriller können Sie Ihre Spanischkenntnisse auf schnelle und einfache Weise vertiefen, auffrischen und überprüfen.

Agentin Estela Bonavente und ihr Kollege Luis Toledo erleichtern das Sprachtraining mit Charme und Cleverness. Ihr neuester Fall bietet fesselndes Lesevergnügen.

Der Thriller wird auf jeder Seite durch abwechslungsreiche und kurzweilige Übungen ergänzt, die das Lernen unterhaltsam und spannend machen.

Prüfen Sie Ihr Spanisch in Lückentexten, Zuordnungs- und Übersetzungsaufgaben, in Buchstabenspielen und Kreuzworträtseln!

Ob im Bus oder in der Bahn, im Wartezimmer, zu Hause oder in der Mittagspause – dieser Lernthriller bietet die ideale Trainingsmöglichkeit für zwischendurch.

Schreiben Sie die Lösungen einfach ins Buch!

Die richtigen Antworten sind in einem eigenen Lösungsteil zusammengefasst. Im Anhang befindet sich außerdem ein Glossar, in dem die schwierigsten Wörter übersetzt sind. Diese sind im Text kursiv markiert.

Und nun kann die Spannung beginnen …

Viel Spaß und Erfolg!

Inhalt

Lernthriller 5
Abschlusstest 139
Lösungen 144
Glossar 149

Story

Estela Bonavente ist jung und hübsch – und eine der besten Agentinnen des spanischen Geheimdienstes CNI. Ihr Chef, Ignacio Ruiz del Valle, setzt sie gern dann ein, wenn besondere psychologische Fähigkeiten gefragt sind. Ihr zur Seite steht Luis Toledo, ein junger und ehrgeiziger Agent aus dem Team Ignacios, der gern einmal mit Estela ausgehen würde. Doch wenn sie im Einsatz ist, konzentriert sich Estela ganz auf ihren Fall und hat für diese Art von Vergnügungen keine Zeit.

Die Angst ist groß, als aus einem Forschungslabor in Madrid ein gefährlicher Virus geraubt wird. Ein Fall für den spanischen Geheimdienst, der sofort in alle Richtungen zu ermitteln beginnt. Als klar wird, dass der chinesische Student, der im Labor mitarbeitete, ebenfalls verschwunden ist, wird er kurzerhand zum Hauptverdächtigen erklärt. Doch dann stößt Estela Bonavente auf eine heiße Spur, die sie und ihren Kollegen Luis Toledo schließlich nach Argentinien und zu einer seltsamen Gruppierung führt, deren Anführer sich „Der Tiger" nennt. Als dieser Kontakt zu Estela aufnimmt, weiß sie, dass die Lösung des Falles kurz bevorsteht …

Capítulo 1: Una reunión muy agitada

Son las siete de la mañana de un frío día de otoño en Madrid. En el edificio metálico de tres pisos del Centro Nacional de Inteligencia, en la Avenida del Padre Huidobro, hay una actividad mayor de la habitual. Más de veinte agentes están sentados alrededor de una gran mesa y discuten en la sala de reuniones.

El agente Luis Toledo, alto, moreno y vestido con un elegante abrigo, entra mientras se arregla el nudo de la corbata. Tiene aún cara de sueño y está de mal humor:

–¿Qué le pasa a Ignacio? ¿Se ha vuelto loco? ¿Por qué nos ha llamado tan temprano?

–Tranquilo, hijo. Si Ignacio os ha llamado será por algo importante. Anda, tómate este café, te vendrá bien –dice Pilar Jiménez a la vez que coloca una taza de humeante café en la mesa junto a Luis. Pilar Jiménez es secretaria de las Unidades de Inteligencia del CNI. Es una mujer de unos cincuenta y cinco años, simpática y amable con todos los agentes.

–Gracias, Pili. Eres un ángel, no sé qué haríamos sin ti en el Centro.

–¡No *exageres*, Luis! Además ya sabes, a quién *madruga* Dios le ayuda…

–Ya, pero es que no he tenido tiempo ni para desayunar… –dice Luis.

–¡Ah, bueno! –exclama Pilar–. Eso explica tu mal humor… Pero eso lo arreglo yo en un momento –dice, y sale de la sala de reuniones.

Poco después se abre la puerta. Todas las cabezas se vuelven, pensando que será el jefe, pero es Estela, que entra arreglándose el pelo.

Estela Bonavente Torres, una de las agentes más jóvenes del CNI,

es una mujer con pelo largo, ojos negros de profunda mirada y agradable sonrisa.
Luis suspira de *alivio* y sonríe:
–Hablando de ángel… –dice, y le dirige una gran sonrisa a Estela.

alivio = Erleichterung

! ÜBUNG 1

Übung 1: Setzen Sie die passende Form von ***ser*** *oder* ***estar*** *ein!*

1. El edificio del CNI _______________ en la Avenida del Padre Huidobro.
2. El café _______________ caliente.
3. A Luis le parece que _______________ demasiado temprano.
4. La puerta _______________ abierta.
5. Luis piensa que Ignacio _______________ loco.
6. Luis dice que Pili _______________ un ángel.

–¿Cómo? –pregunta Estela algo *distraída*–. ¿Has dicho algo, Luis?
–¡Nada, nada! Simplemente que ya amaneció en este despacho…
Estela no le *hace caso* y se sienta en una silla algo *apartada*.
En ese momento vuelve a abrirse la puerta. Los agentes se ponen en pie. El director de los *servicios secretos*, Ignacio Ruiz del Valle, entra con cara muy seria. Es un hombre de unos cincuenta años, con un bigote negro y una calva que suele cubrir con un sombrero. Sus ojos verdes tienen una mirada muy penetrante, y su voz suena con autoridad. *Tiene fama* de duro, aunque suele tratar con amabilidad a Estela, por lo que en el CNI se piensa que es su agente favorita.
–Buenos días, colegas –dice con voz seria. Por su rostro preocupado, todos se dan cuenta que ha ocurrido algo grave.

–Como pueden suponer, no les he llamado simplemente para hacerles *madrugar* más de lo normal y *fastidiarles*…
–¡Vaya, yo creía que sí! –exclama Luis Toledo, pero ante la mirada *malhumorada* que le *lanza* Ignacio se disculpa–. Estaba bromeando, disculpe, señor director.
–No es momento de bromas. Se trata de un asunto muy grave. Se ha producido un robo en los laboratorios del *Consejo Superior de Investigaciones Científicas*. Como ustedes saben, el CSIC es un *organismo público* de *investigación*, dependiente del Ministerio de Educación y Ciencia, que cuenta con los *equipos* de investigadores más competentes de España. Uno de estos *equipos* estaba investigando el comportamiento del virus E-06, así como posibles *vacunas* contra este virus. ¿Alguno de ustedes ha oído hablar del E-06?
Los agentes se miran unos a otros.
Luis Toledo se *atreve* a *probar suerte*:
–No será el Ébola, ¿no?
–No, agente Toledo. Se trata de un virus aún más peligroso que el Ébola, *recientemente* descubierto en los laboratorios del CSIC. Es un virus extremadamente *contagioso* y *mortal*. Se puede *contagiar* simplemente dando la mano, y en sólo dos días provoca *hemorragias* en los *órganos vitales*. Se diferencia del Ébola en que su desarrollo es más rápido y en que todavía no existe una *vacuna* contra éste. Precisamente una vacuna era lo que los investigadores del CSIC estaban buscando y, según las últimas noticias, *estaban a punto de* encontrarla…

Übung 2: Setzen Sie die folgenden Begriffe in den Plural!

1. la voz grave ____________________
2. el agente ____________________

ÜBUNG 2 !

3. un virus mortal ______________________
4. un desarrollo rápido ______________________
5. el día ______________________
6. el consejo superior ______________________

–¿Y han robado la *vacuna*? –pregunta Luis Toledo con impaciencia.

Ignacio Ruiz le mira de nuevo con seriedad antes de responder:

–No, agente Toledo. Como acabo de decir, los investigadores "estaban buscando" la *vacuna*, es decir, no existe aún *vacuna* para este virus. Lo que ha desaparecido de los laboratorios del CSIC son los *cultivos*, esto es, las muestras del virus E-06 con las que estaban haciendo experimentos los *científicos* del laboratorio. Ya pueden ustedes suponer la *gravedad* del asunto.

–¿Cuándo se descubrió el robo? –pregunta Ramón Núñez, un agente de unos cincuenta años con una *abundante* barba negra con algunas *canas*.

–El jefe del grupo de *investigación* lo descubrió esta mañana cuando llegó a su laboratorio, a las seis de la mañana. Inmediatamente llamó a la policía, que nos informó del caso –explica Ignacio.

–¿Quién tenía *acceso* al laboratorio? –pregunta Estela, que hasta entonces no había dicho nada.

Ignacio sonríe, antes de responder:

–Buena pregunta, agente Bonavente. En el laboratorio sólo se podía entrar con una tarjeta especial y marcando una *contraseña*. Estas tarjetas sólo las tenían los *científicos* que trabajaban en el laboratorio.

–¿No había ningún *vigilante*? –pregunta de nuevo Núñez.

–Sí, hay un *vigilante* en el edificio. La policía ya ha hablado con él. Según dice, no vio a nadie durante la noche.

–¿Hay algún *sospechoso*? –pregunta Luis Toledo, que mantiene una cierta rivalidad profesional con Ramón Núñez.
–De momento, no –dice Ignacio Ruiz, y se queda callado durante un momento.

Übung 3: Wie lauten die weiblichen Formen der folgenden Personen?

ÜBUNG 3 !

1. el jefe ____________ 5. el vigilante ____________
2. el científico ____________ 6. el ladrón ____________
3. el agente ____________ 7. el culpable ____________
4. el señor ____________ 8. el sospechoso ____________

En ese momento *llaman a la puerta*. Ruiz del Valle se vuelve violentamente, dispuesto a *reñir* a quien se *atreve* a interrumpir una reunión de trabajo, pero se tranquiliza cuando ve que se trata de Pilar Jiménez, que trae una bandeja con vasos de café, una jarra de leche y *churros*.
–Ah, eres tú, Pili. Deja ahí los cafés, muchas gracias.
–¡Ay, Ignacio! ¡No sabía que estuvieras ya aquí! Había pensado que mientras llegabas podía traer algo para que estos pobrecitos agentes pudieran desayunar…
–No te preocupes, Pili, ya te dictaré el *informe*. Además, he llegado hace poco.
Pilar se sienta junto a Estela, dispuesta a *tomar notas* de la reunión. Los agentes, *tensos* por la situación, no se *atreven* a tomar sus cafés ante la mirada de Ignacio Ruiz, que sigue callado, como concentrado en sus pensamientos. Luis mira a sus compañeros y, *encogiéndose de hombros*, toma un *churro*:
–Mmmm… estos *churros tienen* muy *buena pinta*…

Ramón Núñez mira con desprecio a Luis, y éste le devuelve una mirada de *desdén*. Sin embargo, Ignacio entonces toma un vaso de café y un *churro*, y dice a sus agentes:

–Tomen ustedes, a ver si el desayuno les anima algo, que parecen ustedes algo *escasos* de ideas esta mañana.

Varias manos se *precipitan* a la vez sobre los *churros* y los cafés.

Ramón Núñez, que prefiere no tomar nada, pregunta:

–Pero, si no hay ningún *sospechoso*… ¿por dónde empezamos?

Ignacio Ruiz le mira con ironía:

–Pues para eso estamos aquí, ¿no? Para discutir un *plan de acción*. A ver, ¿quién puede tener interés en robar un virus?

! ÜBUNG 4

Übung 4: Setzen Sie die Verben in Klammern im Präsens in die Lücken ein! Achten Sie auf die unregelmäßigen Verben!

1. Pilar (venir) ______________ con una bandeja con café y *churros*.
2. Los agentes (preguntarse) ______________ quién ha robado los virus.
3. Los agentes (seguir) ______________ sin decir nada.
4. Luis (*encogerse*) ______________ *de hombros*.
5. El jefe del laboratorio (descubrir) ______________ el robo.

El primero en responder es de nuevo Ramón Núñez:

–Un grupo terrorista…

–Bueno, ésa sería sin *duda* la primera *hipótesis* de los periodistas, aunque es una *hipótesis* posible. ¿Alguna más?

–Podrían ser los *servicios secretos* de un país extranjero… –se apresura a decir Luis.

–Es otra posibilidad –admite Ignacio.

Ramón mira con rabia a Luis y comenta, con voz desagradable:

–A mí eso me parece poco creíble. Un arma sería posible, pero un virus… ¿qué país iba a *atreverse* a utilizar un arma biológica en estos tiempos?

Luis le mira con ironía:

–Está bien, señor Núñez, entonces vamos a investigar sólo la *hipótesis* de los terroristas. Sólo pueden ser terroristas, ¿no?

–Tranquilícense, señores –interviene Ignacio en la discusión–, ambas *hipótesis* son posibles. Por una parte tiene razón Núñez en que los gobiernos, actualmente, no suelen *dotar* a sus ejércitos con armas biológicas. Pero tengan en cuenta que la patente de la *vacuna* contra ese virus supondría muchísimo dinero para la *industria farmacéutica* de un país, además de *prestigio*.

Übung 5: Setzen Sie die gegenteiligen Ausdrücke der folgenden Wörter ein!

1. imposible ______________________
2. nada ______________________
3. mal ______________________
4. último ______________________
5. lento ______________________

En ese momento suena un móvil en el bolsillo de Ignacio Ruiz.

Ignacio escucha atentamente al teléfono:

–Sí, dígame, comisario Márquez… sí… sí… ¿Seguro? De acuerdo, comisario Márquez, muchas gracias.

Cuando *cuelga*, Ignacio habla con energía, y su rostro ya no refleja tanta preocupación:

–Bueno, parece que tenemos una *pista*. Me informan desde la comisaría general de policía que ha desaparecido un estudiante que *formaba parte* del grupo de *investigación*.

–¡*Huyó* con los virus! –exclama Luis Toledo.

–No tan rápido, agente Toledo –dice Ignacio con seriedad.

–¿Qué sabemos sobre la desaparición? –pregunta Estela.

–Se trata de Lu Fong, un estudiante chino que trabajaba como *becario* de *investigación* en el laboratorio, directamente bajo las órdenes del doctor Augusto García Durvín, jefe del laboratorio donde fueron robados los virus. No *acudió* esta mañana al CSIC y, según fue informada la policía, tampoco *regresó* anoche a la *residencia universitaria* en la que vive.

ÜBUNG 6 !

Übung 6: Übersetzen Sie und enträtseln Sie das Lösungswort!

1. Milch ☐ _ _ _ _
2. etwas ☐ _ _ _
3. wo ☐ _ _ _ _
4. Raub ☐ _ _ _
5. Organ ☐ _ _ _ _ _
6. nichts ☐ _ _ _

Lösung: _ _ _ _ _ _

–Vaya, entonces se trata del *sospechoso* principal… –comenta Luis.

–Tal como lo veo –continúa Ignacio sin *hacer caso* a los comentarios de Luis–, hay varias opciones, pero en todo caso hay algo claro: Lu

Fong debió de actuar *por encargo* de alguien. Ahora bien, ¿de quién?
Ramón Núñez contesta enseguida:
–Creo que la opción de la banda terrorista es la más probable.
Luis Toledo le mira con ironía:
–Hay gente de *ideas fijas*…
Ramón se vuelve hacia él y le mira con ira:
–¿Tiene alguna idea mejor de quién pudo robar los virus, superagente Toledo?
–Pues… yo pienso que, como ha dicho Ignacio, puede tratarse de los *servicios secretos* de algún país. Creo que es muy posible que este estudiante… ¿Cómo se llamaba?
–Lu Fong –contesta Ramón.
–Que este estudiante Lu Fong fuera un *espía* al servicio del gobierno de su país…
–O de otro país –dice Ignacio–, nunca se sabe. Ambas opciones son posibles.
–¿Y qué hay del jefe del laboratorio, el responsable de la *investigación*? –pregunta de repente Estela–. Él era el responsable del estudiante, ¿no? ¿Qué dice sobre el robo y la desaparición de su ayudante?
–Muy bien dicho, agente Bonavente –contesta Ignacio, sonriente–. Siempre *da en el clavo*. En efecto, todavía no sabemos la opinión del doctor García Durvín al respecto, ya que no hemos podido hablar con él. Al parecer, al saber lo ocurrido sufrió una grave crisis de nervios y tuvieron que darle *tranquilizantes*.
–¿Y por dónde empezamos? –pregunta el agente Núñez con impaciencia.
Ignacio reflexiona un momento y luego empieza a dar órdenes rápidamente:
–Creo que lo mejor es que dividamos el trabajo: usted, agente Núñez, se ocupará de investigar la opción de la *trama* terrorista. Ya

sabe, lo de siempre, contactar con la Interpol, las bases de datos de la Unión Europea, contactar con Harry Delton, en la embajada de Estados Unidos… Me *tendrá al corriente* de todo lo que *averigüe*.
–Desde luego, Ignacio. Gracias por la confianza –dice Núñez, y dirige una mirada de triunfo a Luis.

ÜBUNG 7

Übung 7: Welche Gegenteile gehören zusammen? Tragen Sie die entsprechenden Ziffern in die Kästchen ein!

1. ☐ triunfo	a) desconfianza
2. ☐ mejor	b) rápido
3. ☐ público	c) distraído
4. ☐ confianza	d) secreto
5. ☐ atento	e) derrota
6. ☐ lento	f) peor

Luis, algo decepcionado por la misión que ha *obtenido* su rival, pregunta, con voz algo preocupada:
–Entonces, ¿puedo ayudar en algo a la *investigación* de este caso?
Ignacio mira a Luis, dejando pasar un tiempo antes de responder. Aunque el agente Luis es demasiado impulsivo, él conoce sus capacidades y le *aprecia*.
–Por supuesto, agente Toledo. Usted se encargará de investigar las posibles implicaciones de *servicios secretos* extranjeros en este robo. *Téngame al corrient*e de toda *pista* que descubra.
Luis hace un gesto de alegría y dirige una mirada *desafiante* a Ramón, que *finge ignorarle*.
–Agente Bonavente… Usted se ocupará del doctor García. Ya ha demostrado en varias ocasiones su talento para descubrir cuándo un *sospechoso* oculta algo.

–De acuerdo, Ignacio. Gracias por su confianza. ¿Dónde está el doctor en estos momentos?
–La señora Jiménez le dará los datos necesarios –dice Ignacio, y luego se dirige a todos los agentes–. Señores, de momento eso es todo. Si hay algo nuevo se lo comunicaré inmediatamente. Y ahora, ¡al trabajo!

Übung 8: Welches Wort ist das „schwarze Schaf“? Unterstreichen Sie das nicht in die Reihe passende Wort!

1. virus, vigilante, vacuna, laboratorio, científico
2. churros, reunión, café, leche, azúcar
3. terrorista, ladrón, agente, secuestrador, asesino
4. talento, rivalidad, inteligencia, sabiduría, habilidad
5. agudo, antipático, inteligente, agresivo, alto

Capítulo 2: El doctor García Durvín

Tras *disolverse* la reunión, la mayoría de los agentes salen de la sala. Estela se acerca a Pilar.
–Oye, Pili…
–Sí, Estela, ¿qué quieres, hija?
–¿Dónde está el Dr. García Durvín?
–No te lo vas a imaginar… en el Hospital Psiquiátrico Virgen del Carmen.
–¿Cómo es posible?
–Ay, hija, eso ya no lo sé… espera, que te busco el *informe*…
Pilar se acerca a un escritorio, tira de un cajón y saca una carpeta que entrega a Estela, quien lee atentamente lo que está escrito.

–Es un fax, lo enviaron de la comisaría.

–Muy bien, pues iré al psiquiátrico a *interrogarle*…

–Vale, hija, ten cuidado –dice Pilar.

–No te preocupes, lo tendré.

–Por cierto…

–¿Qué ocurre, Pili? –pregunta Estela.

–¿Qué les pasa a Ramón y Luis? Discuten todos los días… No entiendo a estos hombres…

Estela sonríe. Sabe que a Pilar le gustaría quedarse charlando un rato con ella, pero tiene prisa por empezar la *investigación*.

–¿Quién los entiende, Pili? Yo, desde luego, tampoco. Me tengo que ir, ¡qué tengas un buen día!

–Tú también, *maja*, ¡que te sea leve!

Estela recoge su bolso, se lía la bufanda al cuello, ya que hace frío en Madrid por las mañanas, y sale de la oficina.

ÜBUNG 9 !

Übung 9: Richtig oder falsch? Markieren Sie mit ✔ bzw. – !

1. La secretaria busca el *informe*. ☐
2. Pilar comprende a los hombres. ☐
3. El doctor García está en su casa. ☐
4. Los agentes desayunaron en la oficina. ☐
5. Ramón y Luis discuten a menudo. ☐
6. La secretaria no quería charlar más tiempo con Estela. ☐

Estela baja al garaje del edificio y entra en su coche oficial, *dotado* con sistema de navegación, o GPS. “Desde luego, es una *ventaja* este aparato, sobre todo en una ciudad como Madrid”, piensa mientras escribe el nombre de su destino: “Centro de Salud Mental Virgen del Carmen”.

El aparato indica un momento “*procesando búsqueda*” y finalmente indica un *itinerario*. “Vaya, está un poco lejos”, piensa Estela, pero no le importa demasiado, ya que le gusta conducir.

En cuanto *arranca* el coche, Estela enciende el aparato CD y comienza a escuchar “Cruz de *navajas*”, una canción de Mecano, un famoso grupo de pop español. Aunque la canción tiene ya casi veinte años, a Estela le sigue gustando escucharla. Trata de un crimen por *celos*.

El tráfico en Madrid está ya insoportable. A los pocos minutos está dentro de un *atasco*. Estela tiene que frenar y *acelerar* a cada momento, para avanzar sólo unos metros cada vez. Afortunadamente, el GPS le indica por dónde puede encontrar una ruta mejor y, tras unos diez minutos por una carretera de circunvalación de Madrid, la voz del GPS le indica “después de cien metros, gire a la derecha”. “A la orden, señora”, piensa Estela, y pone el *intermitente* para indicar que va a tomar la siguiente salida.

Übung 10: Bilden Sie sinnvolle Sätze!

1. mucho mañana hay la tráfico por

____

2. esa mucho canción gusta me

____

3. buen tuvo no él día un

____

4. desayunar con me café encanta *churros*

____

Estela ve un edificio de *ladrillo* de tres pisos con un cartel que le indica que ha llegado a su destino: "Centro de Salud Mental". Además la monótona voz del GPS se encarga de repetírselo: "Ha llegado a su destino…"

–¡Ya lo sé! –dice Estela, que, aunque sabe lo útil que es este aparato, estaba empezando a cansarse de escuchar la voz que daba las indicaciones y siente cierto *alivio* al poder apagarlo.

Estela sonríe al ver que un coche está saliendo del aparcamiento y deja una plaza libre. "A esto no me podía ayudar el GPS", piensa. Tras aparcar el coche, se dirige hacia la entrada del hospital.

Übung 11: Unterstreichen Sie die richtige Variante!

1. Él no ha frenado/aparcado a tiempo.
2. Aquí no podemos aparcar/frenar.
3. ¡Por favor, indica/apaga ese aparato!
4. Aquí puedes *acelerar/aceleraste*.
5. El motor no frena/*arranca*.

Estela se dirige a la recepción, donde está sentada una mujer algo mayor, con pelo teñido de rubio, leyendo una revista.

–Buenos días –saluda Estela.

La señora *da un respingo*, al parecer estaba tan concentrada en su lectura que no había oído entrar a Estela.

Übung 12: Ordnen Sie die Buchstaben zu einem sinnvollen Wort!

–¡Buenos días, (1. tiñorase) ______________________! ¿En qué puedo servirle? –le contesta la señora con una sonrisa muy marcada.

–Quisiera saber si es (2. opslibe) ______________ hablar con el señor Augusto García Durvín.

–A ver, un (3. tonemmo) ______________ . ¿De parte de quién?

Estela contesta rápidamente, sin dudar:

–Soy su *sobrina*. Mi (4. amrde) ______________ me contó que le habían traído aquí… He venido en cuanto he podido. ¿Como se encuentra mi tío Augusto?

La recepcionista pone una cara más (5. mabael): ______________

–No se preocupe. Su tío se encuentra bien. Sólo tuvo un ataque de (6. venrois) ______________ algo violento, pero pronto podrá volver a su casa.

–Ah, es un *alivio* saberlo. Muchas gracias. ¿Y en qué habitación está mi tío?
–Un momento… –la señora de recepción llama por el *interfono*:
–Señorita Ramos, *acuda* a recepción, señorita Ramos…
En un momento aparece una enfermera. Es una chica joven, con pelo negro largo y *rizado* y muy morena de piel.
–A ver, Natalia, indícale a la señorita la habitación del señor que han traído esta mañana temprano, ya sabes quién te digo…
–¡Uy, no sé si estará durmiendo todavía!
–Si está durmiendo, puedo volver en otro momento… –empieza a decir Estela.
–No, venga conmigo –dice la enfermera, y echa a andar por los largos pasillos del centro. Estela la sigue.
Llegan a una habitación.

Übung 13: Setzen Sie die Verben in Klammern in die korrekte Präsensform!

–Un momento –dice la enfermera– (1. ir) __________ a ver si (2. dormir) __________ aún.

La enfermera entra un momento y (3. volver) __________ poco después.

–Está despierto. Puede hablar con él, pero tenga cuidado, aún (4. estar) __________ muy nervioso por lo que pasó.

Estela entra en la habitación. En la cama, sentado, está un hombre de unos cincuenta años, con el pelo rubio y algunas *canas*, con aspecto cansado.

Estela (5. presentarse) __________.

–(6. ser) __________ la agente Estela Bonavente Torres y (7. querer) __________ hacerle unas preguntas acerca del robo producido en su laboratorio la noche pasada.

El doctor García la mira con rostro preocupado y, tras un momento de *duda*, haciendo un *esfuerzo*, pregunta:
–De acuerdo. ¿Qué quiere saber usted?
–En primer lugar, ¿qué *medidas de seguridad* tiene el laboratorio del CSIC donde trabaja usted?
–Al laboratorio sólo se puede *acceder* con una tarjeta personal y además se necesita una *clave*.

–¿Había muchas personas con esa tarjeta y la *clave* para entrar en el laboratorio? –pregunta Estela con voz neutra.

–Señorita, en ese laboratorio había sustancias muy peligrosas, por eso el grupo de *investigación* trabajaba siempre bajo mi *supervisión*. Sólo yo tenía la *clave*. Supongo que eso hace que yo sea el principal *sospechoso*. ¿No es eso lo que venía a decirme, señorita? –pregunta el doctor, en un tono algo agresivo.

Estela *percibe* que el doctor García se *pone a la defensiva* e intenta usar un tono *conciliador*:

–Señor García, no hay ningún *sospechoso* aún. Por su reacción, creo que usted ha sido uno de los más sorprendidos y *afectados* por el robo… pero tenemos que contar con todos los datos posibles, compréndalo.

–Comprendo, intentaré ayudar… Pero quizás sea demasiado tarde…

–¿Demasiado tarde para qué? –pregunta Estela, algo preocupada.

El doctor García gira la cabeza para ver si alguien les observa y luego, acercándose a Estela, comienza a hablar en voz muy baja pero cada vez más excitado:

–Ese virus es el más *contagioso* que se conoce y resulta *letal* en pocos días… No sabemos en qué manos ha caído… Imagínese que el virus cae, por ejemplo, en una *depuradora* de agua de Madrid. ¡Cientos de miles de personas morirían en pocos días!

García Durvín ha levantado demasiado la voz y se calla de repente, *temiendo* que alguien les haya oído. Luego continúa, cada vez más nervioso:

–No… *no es preciso* alarmar a la población, pero… oh, Dios mío, ¿por qué comencé esa *investigación*? ¡Nunca debí tener tanta *responsabilidad*! ¿Por qué yo? Soy tan *desgraciado*…

–¿Por qué dice eso? –pregunta Estela, algo sorprendida y mirando fijamente a los ojos al doctor García Durvín.

Übung 14: Welche Gegenteile gehören zusammen? Ordnen Sie zu!

1. ☐ mejor	a) débil
2. ☐ nervioso	b) silencioso
3. ☐ feliz	c) conciliador
4. ☐ ruidoso	d) desgraciado
5. ☐ fuerte	e) peor
6. ☐ rubio	f) tranquilo
7. ☐ agresivo	g) moreno

García Durvín parece no encontrar las palabras, o quizás duda si debe seguir hablando. Finalmente dice:

–Era un honor hacerme cargo del mejor grupo de *investigación* del CSIC, pero el *acceso* al laboratorio debería haber estado mejor *vigilado*, no dejarme a mí toda la *responsabilidad*…

Estela está cada vez más sorprendida por la manera de hablar del doctor:

–Doctor García, si recibió esa *responsabilidad* es porque usted es uno de los *científicos* más brillantes en el *campo* de la química orgánica, como han probado sus *logros*. No entiendo qué quiere decir, a quién debería habérsele dejado la *responsabilidad*…

–¡Yo tampoco lo sé! Pero no a mí, mire lo que ha pasado…

Estela intenta poner algo de objetividad en el *interrogatorio*:

–Estamos trabajando en ello y usted ha de ayudarnos. ¿Dónde está en este momento la tarjeta de *acceso* al laboratorio?

–La tengo conmigo…

–¿Cómo es posible entonces que alguien entrara en el laboratorio?

–¡No lo sé! ¡Quizás me la robaron mientras estaba durmiendo, quizás alguien hizo una copia, no lo sé! ¡Nunca he dejado esta tarjeta a nadie, y yo creé la *clave*, nadie la sabe aparte de mí! Creo que me voy a volver loco…

Übung 15: Übersetzen Sie die folgenden Sätze ins Deutsche!

ÜBUNG 15 !

1. Estela *interroga* al Doctor García Durvín en una clínica.

---

2. García era el único que tenía la tarjeta y la *clave*.

---

3. García se pregunta por qué empezó la *investigación*.

---

4. García dice que tenía demasiada *responsabilidad*.

Estela pone la mano en el hombro a García Durvín y le mira con *afecto*:

–Tranquilícese, doctor. El ladrón pudo entrar quizás por otros medios, que hemos de descubrir. Permítame que le pregunte sobre otros aspectos de su trabajo. Usted tenía un ayudante extranjero, un estudiante chino…

–¿*Se refiere a* Lu Fong?

–Sí, eso es. ¿Cómo describiría a su ayudante?

Übung 16: Lesen Sie weiter und setzen Sie die Präpositionen ***a, de (2x), para, en*** *und* ***con*** *in die Lücken ein!*

ÜBUNG 16 !

El doctor García sonríe:

–¿Qué puedo decir? Sólo *elogios*… Es una mente excepcional, uno

(1.) ____ los *científicos* más brillantes que he conocido, y muy joven aún. Una verdadera *promesa* (2.) ____ la ciencia. Tuvimos suerte de que llegara (3.) ____ nuestro laboratorio.

–¿Por qué? ¿No había personal suficientemente cualificado (4.) ____ su laboratorio?

–¡Oh, yo no he dicho eso! No me *malinterprete*. En el CSIC están muchos de los mejores *científicos* de España... Pero yo he trabajado (5.) ____ Lu Fong y puedo decirle que es uno (6.) ____ los mejores *científicos* del mundo en su especialidad.

–¿Cómo es Lu Fong como persona?

–Como persona... Sabe, señorita, cuando se trabaja al nivel que lo hacemos nosotros, se deja de tener "vida propia". La vida de Lu Fong es la ciencia, como lo es para mí, como lo es para todos los que trabajamos en el CSIC. Cuando me levanto, mientras tomo el café, mientras me ducho, cuando voy caminando por la calle, estoy pensando en los últimos *resultados* de mi experimento, *elaborando hipótesis*. Cuando salgo del laboratorio mi mente sigue trabajando, y cuando me acuesto calculo las posibilidades de continuación de los experimentos. Desde que me levanto hasta que me acuesto pienso en mi trabajo. Incluso sueño con los virus... Así es, señorita, veo que sonríe, pero ésa es nuestra vida, la mía y la de Lu Fong. Estoy seguro de que Lu está pensando ahora mismo en alguna posible combinación...

–Señor García, Lu Fong desapareció anoche, no volvió a la *residencia* donde vive. La policía nos lo comunicó esta mañana.

El doctor Augusto García hace un violento movimiento de sorpre-

sa hacia atrás, *abriendo los ojos como platos.*
–¿Qué está usted diciendo? ¿Cómo es posible?
–Lo que oye. Lu Fong no *regresó* anoche a su domicilio, y no se le ha vuelto a ver. Tampoco *acudió* hoy al laboratorio.
–¿Es cierto eso?
–¿Usted cree que le miento? –pregunta Estela, algo *molesta.*
–No, pero, ¿qué le ha podido ocurrir? Sabe, Lu Fong, como yo, es a veces algo *despistado*... Espero que no haya tenido un accidente... Sería una *pérdida* terrible...
Estela está sorprendida ante la reacción de Augusto García. ¿Es posible que el *aprecio* del doctor por su discípulo sea tan grande que no le permita tener la menor *sospecha*? Se decide a *plantearle la pregunta* directamente:
–Doctor García, ¿no ha pensado en la posibilidad de que Lu Fong robase los *cultivos* del virus?
El doctor García clava sus ojos azules en Estela y la mira fijamente durante unos instantes sin decir palabra.
–De esto estoy seguro, señorita, por ciertas razones.
–¿Y cuáles son esas razones, doctor García Durvín?
–Se trata de un secreto... Nadie debería saberlo aún...
–Hable usted sin miedo. Necesito saber todos los detalles.
–Lu Fong había descubierto una *vacuna* para el virus E-06. No es aún segura al cien por cien, pero las primeras pruebas habían dado excelentes *resultados.*

Übung 17: Welches Wort ist das „schwarze Schaf"?

ÜBUNG 17 !

1. médico, enfermera, policía, doctor
2. desde, hacia, a, mientras
3. esperanza, rapidez, alegría, simpatía

4. seguro, fiable, serio, razón
5. ojo, pie, oreja, boca

Los ojos de Estela brillan con esperanza:
–¿Entonces, doctor, usted cuenta con la fórmula para producir la *vacuna*?
García Durvín *titubea*:
–Sí, pero… No fue fácil *obtenerla* y… fue Lu Fong quien la descubrió… Sin él no nos será fácil producirla de nuevo en poco tiempo…
Estela Bonavente mira con *severidad* al doctor:
–¿Y aún duda usted de que fue Lu Fong quien la robó? ¿No cree que sea probable que la haya robado para entregársela a su gobierno y *beneficiar* a la ciencia de su país, en lugar de producirla en los laboratorios del CSIC, lo que *beneficiaría* a España?
García Durvín *sacude* la cabeza:
–Usted es muy *suspicaz* y lo comprendo, pero usted no conoce a Lu Fong. Es un muchacho muy noble y honrado. Y no es de esa clase de personas. Esas ideas *maquiavélicas* no serían propias de él.

ÜBUNG 18

Übung 18: Wie lautet der Ausdruck? Ergänzen Sie!

1. El doctor s____________ la cabeza.
2. Lu Fong ha t____________ un accidente.
3. Quizás ya es d____________ tarde.
4. Estela le quiere h____________ una pregunta.
5. El doctor continúa, cada v____________ más nervioso.

–¿Está usted seguro, doctor?
–Absolutamente. ¿Por qué iba a robar algo que él había descubierto? ¿Por qué aparecer ante el mundo como un ladrón en lugar de como lo que es, un *científico* brillante?
–Quizás en su país o en otro país pueda recibir una *recompensa* mayor a cambio de su descubrimiento…
García Durvín vuelve a *sacudir* la cabeza y exclama con voz algo *chillona*:
–¡No, no, no, no! ¡No fue Lu Fong, estoy seguro!
Estela Bonavente se da cuenta de que no puede llegar más lejos en sus preguntas al doctor.
–De acuerdo, doctor García Durvín. Tranquilícese. Es todo por hoy. Gracias por su información.
–Gracias a usted, señorita. Espero *fervientemente* que logren *capturar* al *autor* del robo… Y también que Lu Fong aparezca *sano y salvo*.
Estela se *muerde el labio* con nerviosismo. ¿Por qué el doctor García Durvín tiene esa confianza tan ciega en su colega? ¿Es tan *ingenuo* como parece o sabe más de lo que le ha dicho? Le mira fijamente. El doctor García Durvín, con los ojos enrojecidos, el pelo despeinado y la ropa *arrugada*, le da un poco de *lástima*.
–Yo también lo espero, doctor. Le tendremos informado. Ahora descanse un poco y *cuídese*. Nos ocupamos del caso.
El doctor, por primera vez, sonríe.
–Gracias, señorita Bonavente.
Estela sonríe, pero al salir de la habitación tiene que contenerse para no dar un *portazo*. Está irritada, no sabe por donde continuar.
En todo caso piensa que el doctor García Durvín no es un testigo *fiable*. Y le parece demasiada casualidad que Lu Fong desapareciera la misma noche del robo.

Übung 19: Verbinden Sie das spanische Wort mit seiner korrekten Übersetzung!

1. ☐ ingenuo	a) Zufall
2. ☐ irritado	b) Belohnung
3. ☐ honrado	c) Mitleid
4. ☐ casualidad	d) naiv
5. ☐ recompensa	e) aufgeregt
6. ☐ lástima	f) ehrlich
7. ☐ sacudir	g) fangen
8. ☐ contenerse	h) abliefern
9. ☐ capturar	i) schütteln
10. ☐ entregar	j) sich beherrschen

Capítulo 3: El enigmático agente Sergei Kazakov

Estela *regresa* al caos del tráfico en Madrid. Mientras conduce una pregunta la mantiene ocupada: ¿a quién podría dirigirse para *obtener* una información más *fiable* que la de García Durvín?
En ese momento suena su móvil. Es Ignacio del Valle. Estela Bonavente conecta el *manos libres* para hablar mientras conduce.
–Hola, Ignacio.
–Hola, Estela. ¿Cómo ha ido con el doctor García Durvín?
–No demasiado bien. Está desesperado por la desaparición de los virus, pero no colabora. Se niega a pensar en cualquier relación entre el robo de los virus y la desaparición de Lu Fong. Y otra cosa: al parecer Lu Fong había descubierto una *vacuna* para el virus…
–Eso es importante. Teníamos ciertas *sospechas* de que fuera así –dice Ignacio Ruiz–. Ya sabes que se trata de un virus extremadamente *contagioso*. Sin tener la *vacuna* este robo podría haber sido

muy peligroso para los propios ladrones. Con la *vacuna*, en cambio, están *protegidos*.

–Es cierto –dice Estela–. Pero, si quieres, podemos seguir hablando en la Central. En diez minutos estaré allí, salvo que haya otro *atasco*…

–No te preocupes, Estela. Puedes descansar un rato en tu casa. Quiero que vayas esta noche con el agente Toledo.

–¿Adónde? –pregunta Estela.

–Nos pusimos en contacto con Sergei Kazakov. Ya conoces a este tipo…

–Sí, claro, el ex-agente del KGB emigrado de Rusia por su oposición al gobierno actual.

–Ya sabes que está al tanto de muchos secretos, tanto de los *servicios secretos* rusos como de los de otros países.

–Sí, siempre nos preguntamos cómo logra enterarse de ciertas cosas… Pero, ¿por qué quieres que vaya yo con Luis? Pensaba que él se ocuparía de la línea de *investigación* sobre *servicios secretos* de países extranjeros. ¿Qué pasa, no confías en él?

Estela oye una breve risa al otro lado del teléfono:

–Claro que confío en él, Estela. El problema es Sergei. Ya sabes lo excéntrico que es. Dice que no le *apetece* quedar a solas con Luis. Ha dicho que sólo vendrá si *asistes* tú también a la reunión.

–¿Ah, sí? ¿Por qué? ¿Qué tengo que ver yo…?

–Sergei dice que si tú vas la entrevista tendrá así “al menos algo de agradable”.

Estela ríe y contesta:

–Muy *halagador*… En fin, si mi presencia puede servir para que Sergei se muestre más comunicativo, no hay problema. ¿Dónde es la entrevista?

–En el restaurante “El Dragón Dorado”. Sergei estará allí a las diez y media de esta noche.

–Eso tiene nombre de restaurante chino. ¿No será por Lu Fong, verdad?
Estela oye otra *carcajada* de Ignacio Ruiz:
–No, no es por eso. No sé, Sergei insistió en que fuera en ese lugar. Luis te llamará y te indicará donde se encuentra.
–De acuerdo, Ignacio, a tus órdenes.
–Mucha suerte, Estela.

! ÜBUNG 20

Übung 20: Setzen Sie die richtige Variante ein!

1. Ignacio Ruiz pide a Elena que ______________ a Luis.

   a) aconseje b) acompañe

2. Luis está ______________ de la línea de *investigación* sobre *servicios secretos* extranjeros.

   a) a cargo b) a cuenta

3. Sergei ______________ que Elena esté en la reunión.

   a) expone b) exige

4. Sergei es un ______________ agente del KGB.

   a) antiguo b) externo

Cuando esa noche a las diez suena el *timbre* del piso de Estela en el barrio de La Latina, ésta, ya preparada, baja inmediatamente. Luis la había llamado por teléfono esa tarde y se habían puesto de acuerdo para ir juntos al restaurante “El Dragón Dorado”. En la cara de Luis se dibuja una gran sonrisa al ver a Estela:
–Verdaderamente, Estela, eres una mujer excepcional. Hasta ahora

siempre había tenido que ser yo quien esperaba cuando quedaba con una mujer…

–Hola, Luis. Bueno, es normal, ya que se trata de una cita de trabajo y yo me tomo muy en serio estas cosas…

Luis se *muerde el labio*, algo decepcionado, al *comprobar* que Estela, como siempre, *rechaza cortés* pero fríamente sus *piropos* y le recuerda que su relación es sólo profesional.

–Bueno, en todo caso, no puedes negarme que son tus *encantos* de mujer los que han hecho posible este encuentro con Sergei.

–Eso parece. A ver si nos sirve de ayuda.

–Si su ayuda se mide por tu presencia nos debería ayudar muchísimo. Estás *preciosa* esta noche…

Luis recorre con sus ojos el vestido negro que *ciñe* las formas *esbeltas* de Estela y detiene sus ojos en el *escote,* en el que lleva un collar.

–Bueno, ¿por dónde se va a ese restaurante? –pregunta Estela, para poner fin a las galanterías de Luis.

–Está algo lejos –contesta Luis–, por la zona de Aluche, Carabanchel. Espero no perderme, no me he traído el GPS…

Estela hace un gesto de *disgusto*. ¿Acaso Luis *pretende gastarle una broma* o realmente no se toma en serio la entrevista con Sergei? Algo enfadada pregunta:

–¿Pero sabrás como llegar allí?

–Sí. Suelo encontrarme en ese restaurante con Sergei. Parece que a él le gusta ese lugar, aunque aún no he descubierto por qué. Lo que pasa es que sólo sé el camino desde mi barrio de Argüelles… Desde aquí no estoy seguro –responde Luis.

–Pues entonces creo que es mejor coger el metro. Con la línea 5 llegamos a Aluche en 15 ó 20 minutos. Creo que será más rápido que si vamos en coche. Puedes dejarlo ahí aparcado junto a mi casa, es un sitio seguro.

ÜBUNG 21 !

Übung 21: Unterstreichen Sie die richtige Verbform!

1. Luis llamó/llamaba a Estela esa tarde.
2. Estela ya estaba esperando/esperó a Luis cuando él llamó al timbre.
3. A Luis le gusta/gustaba decir *piropos* a Estela.
4. Estela siempre *rechaza/rechazaba* sus galanterías.
5. Estela pregunta a Luis si ha estado/estaba alguna vez en el restaurante "El Dragón Dorado".
6. Luis le responde que habitualmente él se encuentra/se encontró con Sergei en ese restaurante.
7. A Sergei le gusta/gustaba ese sitio.
8. Luis no conoce/conoció las razones de Sergei.

Estela y Luis caminan hasta una parada de metro. Aunque no es una *hora punta* hay bastante gente esperando en la parada, como casi siempre en Madrid. Por eso, Luis y Estela apenas hablan. Se bajan en la estación de Aluche.

Después de salir al exterior, caminan unos cinco minutos, al cabo de los cuales Luis señala un letrero luminoso en forma de dragón:

–Ahí es. Espero que Sergei haya llegado ya.

Estela y Luis entran en el restaurante. Es un local bastante grande. Las paredes del local están decoradas con carteles de *corridas de toros* y platos de cerámica. Sobre la barra del bar hay *colgados* jamones y *ristras* de *morcilla*, y suena música flamenca.

–Antes era un restaurante chino –dice Luis–. Pero parece que ha cambiado de propietarios. De todas formas, quedan restos de la anterior decoración.

Luis señala a los *biombos* que ocultan algunas mesas.

–¿Y dónde está Sergei? –pregunta Estela.

En ese momento se asoma tras un *biombo* una cabeza con *enmara-*

ñados cabellos rubios y profundos ojos grises. Sergei se levanta de la silla. Lleva un elegante traje gris y una camisa de seda roja.

–¡Mis amigos españoles! ¡Cuánto tiempo sin vernos! –dice a modo de saludo.

–Hola, Sergei –saluda Luis dándole la mano.

–¿Cómo estás? –dice Estela y saluda con dos besos en las mejillas a Sergei–. ¿Es cierto que no querías venir si no venía yo también?

Sergei se ríe algo nervioso y se *sonroja* ligeramente.

–Bueno, no dije eso exactamente. Pero contigo la conversación es más objetiva. Luis a veces es algo pesado con sus bromas.

–¿Yo? Creo que si hay aquí algún *bromista* eres tú…

–Bueno, no empecéis a discutir –interviene Estela–. Tenemos cosas importantes de las que hablar. ¿Pedimos algo?

Übung 22: Ergänzen Sie die fehlenden Buchstaben bei den Synonymen!

1. pr *o* piet *a* rio — d *u* *e* ño
2. e _ mar _ ñad _ — r _ vuelto
3. _ rofundo — h _ ndo
4. m _ eca — _ esto
5. d _ sgusto — en _ ado
6. per _ lej _ — a _ ombrado
7. cabe _ _ o — pe _ o
8. es _ elta — del _ ada

Sergei contesta rápidamente:
–Sí, desde luego. Me muero de hambre. No he comido en todo el día…
Luis le dirige una mirada crítica:
–¿Y por qué no has comido, Sergei? ¿Qué estuviste haciendo?
–Es una historia muy larga… pero no muy interesante…
–Mmm… No será interesante, pero yo tengo cada vez más curiosidad –comenta Estela.
En ese momento llega el camarero, un muchacho joven con camisa blanca, que les pregunta:
–Buenas… ¿Saben ya lo que quieren tomar?
Sergei, Luis y Estela abren cada uno su carta y van pidiendo rápidamente. Luis es el primero en pedir:
–Una ración de *patatas bravas*, otra de salchichas.
–Yo una de champiñones y otra de calamares –pide Estela.
Sergei lee la carta y parece no decidirse.
–Venga Sergei, pide. Todo *tiene buena pinta*.
–Pues una ración de *pulpo* a la gallega, otra de *sepia*, otra de *panceta*, otra de carne de cerdo y unas aceitunas.
El camarero *apunta* todo y luego pregunta:
–¿Y para beber, qué quieren?
–Una coca-cola, por favor –dice Luis.
–Para mí una coca-cola light, por favor –pide Estela.
–A mí traígame una jarra de cerveza –pide Sergei.
–Muy bien. En seguida les traigo todo –dice el camarero y se marcha.
–Vaya, parece que tienes hambre, ¿eh? –comenta Luis dirigiéndose a Sergei.
–Ya dije que no he comido en todo el día. Además, supongo que la cuenta la pagará la Central, ¿no? –dice Sergei, y sonríe.
–Me parece que *tienes mucha cara* tú –comenta Luis, algo irritado.

Übung 23: Finden Sie zehn Lebensmittel, die in diesem Gitternetz versteckt sind!

A	C	E	I	T	U	N	A	D
S	A	L	C	H	I	C	H	A
P	R	Z	Q	D	I	S	O	Q
U	N	A	T	E	C	N	A	U
L	E	P	A	N	I	S	U	E
P	A	T	A	T	A	S	P	S
O	C	E	R	V	E	Z	A	O
C	H	A	M	P	I	Ñ	O	N
X	A	C	H	O	R	I	Z	O

Sergei mira fijamente a Luis:
–¿Por qué? Toda información tiene su precio. ¿Acaso no he sido útil a la Central en otras ocasiones?
En ese momento llega el camarero con la jarra de cerveza para Sergei y las coca-colas para Estela y Luis. Todos se callan durante un momento. Luego habla Luis:
–Sí, desde luego nos has sido útil. Aunque siempre a cambio de un precio, por supuesto.
–¿Y qué piensas, que lo voy a hacer por amor a vuestro país? Si no queréis mis servicios, buscad a otro tipo. No os necesito *–concluye* en un tono *orgulloso*.
Estela interviene en tono *conciliador*:
–No te enfades, Sergei. Ya sabes que Luis siempre está de broma,

aunque algunas de sus bromas sean algo pesadas…

–Sí. Debe ser que el humor español y el ruso son diferentes. Además, como dice un *refrán* de mi país, si haces bromas durante tu tiempo de trabajo significa que eres un *payaso*.

Luis se *sonroja* y va a responder, pero en ese momento Estela le da un *codazo disimuladamente* para que no *perjudique* con sus palabras la reunión.

Übung 24: Unterstreichen Sie die richtige Variante!

1. A Luis le gusta *gastar*/dar *bromas*.
2. Sergei se enfada/*sonroja* por el comentario de Luis.
3. ¿Por qué no comandamos/pedimos unas raciones?
4. No tomo bebidas de/con alcohol.
5. Tu amiga quiere saberlo todo. Es muy curiosa/crítica.

En ese momento llega el camarero con las raciones de *patatas bravas*, calamares y *pulpo*. Sergei pregunta:

–¿Me puede traer otra jarra de cerveza, por favor?

–Por supuesto, caballero –contesta el camarero.

Sergei se termina su primera jarra de cerveza. Estela se decide a comenzar con las preguntas.

–Bueno, Sergei, supongo que *estás al corriente* de lo ocurrido en los laboratorios del CSIC.

–Sí, ya me lo dijeron Ignacio y Luis.

–¿No habías oído antes nada respecto a las virus? –pregunta Estela.

–No.

–¿Y tampoco tienes idea de quién puede estar detrás de este robo?

–No con total seguridad, pero…

–¿Pero qué? –pregunta Luis, acercándose para escuchar mejor.

–Tengo ciertas *sospechas*. Desde hace tiempo China mantiene una posición común con Rusia en política exterior, en casi todos los aspectos… Por ello hay cierto intercambio de información entre los *servicios secretos* de ambos países…
–Sí, eso es normal, pero, ¿hay algo más? –interrumpe Luis.
Sergei mira con dureza a Luis. Estela va a darle un *codazo* a éste pero, antes de que lo haga, Luis se disculpa:
–Perdona que te haya interrumpido, Sergei. Continúa, por favor.

Übung 25: Welcher Satz enthält die korrekte Zeitform?

ÜBUNG 25 !

1. Sergei trank sein erstes Bier.
a) ☐ Sergei bebió su primera cerveza.
b) ☐ Sergei bebía su primera cerveza.
c) ☐ Sergei había bebido su primera cerveza.

2. Sie haben Sergei über den Diebstahl im Labor informiert.
a) ☐ Informaran a Sergei sobre el robo en el laboratorio.
b) ☐ Informaban a Sergei sobre el robo en el laboratorio.
c) ☐ Informaron a Sergei sobre el robo en el laboratorio.

3. Sergei hatte den ganzen Tag nichts gegessen.
a) ☐ Sergei no hubo comido nada en todo el día.
b) ☐ Sergei no ha comido nada en todo el día.
c) ☐ Sergei no había comido nada en todo el día.

4. Hast du nichts davon gehört?
a) ☐ ¿No oíste nada de eso?
b) ☐ ¿No oyes nada de eso?
c) ☐ ¿No habías oído nada de eso?

Sergei termina de beber su segunda jarra de cerveza y llama de nuevo al camarero.

–¡Camarero!

El joven viene enseguida:

–¿Sí, caballero?

–¿Podría traerme otra jarra como ésta, por favor?

–Enseguida, señor. Le traigo también su ración de *sepia* y la de *panceta*. ¿Estaba rico el *pulpo*?

–Delicioso –contesta Sergei.

ÜBUNG 26 !

Übung 26: Welches Wort ist das „schwarze Schaf"?

1. pulpo, calamar, sepia, chorizo
2. cerveza, aceituna, vino, vodka
3. insinuar, recomendar, sugerir, ordenar
4. crítico, bonito, peligroso, difícil
5. inteligente, eficaz, sabio, torpe

–Qué ritmo de beber lleva Sergei, ¿no? –susurra Luis a Estela.

Estela afirma ligeramente con la cabeza.

–¿Cómo dices, Luis? –pregunta Sergei.

–Eh... Nada… Que suena muy interesante lo que cuentas.

–Pues como os decía, hay un buen entendimiento entre los *servicios secretos* de ambos países. Últimamente, sin ir más lejos, he visto a un agente chino visitar a menudo la Embajada de Rusia. Y, hace una semana, vi a Vassili Karulin…

–Tu amigo Vassili –comenta con ironía Luis, que conoce el odio que siente Sergei hacia este agente de los *servicios secretos* rusos.

–Sí, muy gracioso, Luis. Vi a Vassili Karulin salir de la embajada rusa con ese chino. Subieron ambos a un coche y se marcharon.

–¿Y qué insinúas con esto? Que subieran juntos a un coche no quiere decir nada. ¿Qué tiene que ver eso con el robo?
–Bueno, como ya sabéis Vassili es uno de los mejores agentes del *Kremlin*. Si él está de nuevo en Madrid tiene que ser por algo. Le he seguido los pasos... El caso es que Vassili parece haberse vuelto muy estudioso. Se alojó en un hotel cerca de la Plaza Colón, e iba todas las tardes a la Biblioteca Nacional.
–¿No nos dirás que también sabes qué libros leía? –pregunta Luis.
En el rostro de Sergei se dibuja una sonrisa de triunfo:
–Por supuesto. Yo estaba sentado en la sala de lectura, detrás de él, en un lugar desde el que podía controlarle mientras que él no me veía. Cada vez que él iba a pedir algún libro, yo esperaba unos minutos y salía. Pedía cualquier libro y, al colocar mi ficha con un libro cualquiera, miraba los títulos que él había pedido y los *apuntaba*.
–Muy bien, ¿y qué has descubierto?
–Pues parece que Vassili tenía lecturas muy interesantes... Tengo aquí la lista.
Sergei saca del bolsillo de su abrigo una pequeña libreta. Luis alarga la mano, esperando que Sergei se la entregue.
–Un momento. ¿Qué recibo yo a cambio de mi ayuda?
Luis mira hacia arriba en un gesto de impaciencia.
Estela toma la palabra:
–Sergei, eso dependerá de lo útil que nos resulte tu lista. Si nos ayuda a encontrar al *autor* del robo, se te *recompensará* como *mereces*. Puedes confiar en la Central.
–Me parece bien así. Pero, por lo menos, de momento me gustaría recibir un buen vodka doble. Creo que lo *merezco* por el *esfuerzo* y el riesgo de seguir a Vassili todos los días.
Estela consulta con la mirada a Luis.
–De acuerdo, Sergei –dice Luis–. ¡Camarero! Traiga un vodka

doble, de la botella mejor que tenga.
–Una buena elección, Luis –sonríe Sergei–. Muchas gracias.
–A ver esa lista –dice Luis.

Übung 27: Lesen Sie weiter und setzen Sie die neun fehlenden Akzente ein!

–Son muchos libros, pero he *subrayado* los que pueden ser de interes –dice Sergei, al tiempo que entrega la libreta a Luis.
Luis toma la libreta. En la lista de libros leidos por Sergei hay *docenas* de titulos, la mayoria de ellos relacionados con la industria del *armamento.* Entre ellos, "Ultimos avances en *armamento* atomico". Algunos estan *subrayados*: "La guerra quimica en el siglo XXI", "Armas biologicas. Estado actual", "La bomba de virus" y "La epidemia como arma global. Una *amenaza* real".

–Esto me parece hasta cierto punto normal –dice Luis–. Vassili es un experto en cuestiones militares. Y, aunque haya leído obras sobre armas biológicas, ha leído más obras sobre *armamento* en general que sobre virus y epidemias. ¿No tienes ninguna otra *pista* para *inculpar* a tu enemigo Vassili?
–¿Y qué hay de esas reuniones con el agente chino?
–Tendríamos que *comprobar* de quién se trataba. Si tú no lo sabes creo que podemos irnos de aquí –dice Luis, y se levanta de la silla.
–Un momento. No sé cómo se llama el agente, pero tengo su foto. He hecho dos copias, además. No os podréis quejar de mí… ¿Qué recibo yo a cambio?
–Camarero. Traiga un vodka doble igual al que pedimos antes.
–Eso es otra cosa –dice Sergei, y sonriendo coloca las fotografías sobre la mesa.

Übung 28: Setzen Sie das Verb in seiner korrekten Form ein!
(entregar, pensar, saber, pedir, leer)

1. Sergei no s_ _ _ quién es el agente chino.

2. Vassili l_ _ muchos libros sobre *armamento* e industria militar.

3. Estela p_ _ _ otro vodka doble para Sergei.

4. Luis p_ _ _ _ _ que Sergei quiere *inculpar* a Vassili sin pruebas.

5. Vassili no quiere e_ _ _ _ _ _ _ las fotos sin nada a cambio.

El camarero trae la copa. Luis paga la cuenta y se pone el abrigo.
–Vámonos, Estela. Creo que aquí ya estamos perdiendo el tiempo.
–Buenas noches, Sergei –dice Estela. Sergei no responde, manteniendo la mirada fija en su vodka doble.
Estela y Luis salen del restaurante. Ambos *permanecen* callados durante el viaje en metro. Ya en la salida de metro de La Latina, Luis no se puede contener:
–¡Maldito borracho!
–¿Sergei? –pregunta Estela.
–¿Quién si no?
–A mí me da *lástima* –dice Estela–. Ojalá pudiéramos ayudarle de alguna forma.
–¿*Lástima*? ¿Pero has oído lo que me dijo? No te entiendo. Además, él desde luego no nos ha ayudado mucho. ¿Qué opinas de esa historia con Vassili?
–Creo que Vassili no es alguien de fiar, y es bueno tener a Sergei para que lo *vigile*. Pero no creo que él tenga nada que ver con este caso. Quizás por sus *rencillas* personales quería hacernos creer que él era un *sospechoso*.

–Eso pienso yo también. Bueno, ¿y qué hacemos ahora?
–Pues creo que voy a ir a mi casa –dice Estela–. Ya es bastante tarde. Quiero reflexionar sobre el caso.
–¿Por qué no vienes a mi casa? –propone Luis–. En la tuya, con lo ruidosa que es tu hermana, quizás no puedas concentrarte bien. En mi piso creo que hay una atmósfera mejor.
–No sé, creo que me vendría mejor relajarme.
–Acabas de decir que querías reflexionar sobre el caso. Te llevo en coche, ese camino sí lo conozco bien… –sonríe Luis.
–Ya, pero a veces las ideas vienen cuando no se fuerzan. La mente necesita descansar. Y tú me recuerdas demasiado al trabajo.
–Está bien, ya veo que no quieres venir a mi casa.
–No te lo *tomes a mal*…
Luis *permanece* silencioso unos instantes, al fin contesta:
–Como quieras. Buenas noches.
–Igualmente. Buenas noches, Luis.

Capítulo 4: La hermana de Estela

Cuando Estela llega a su casa, la luz está apagada. Eso significa que su hermana Felicia no está, ya que no suele acostarse tan temprano. "Debe de haber salido de fiesta, como de costumbre", piensa Estela.
Estela se quita la bufanda y el abrigo, y los *cuelga* en una *percha*, junto con el bolso. Se *descalza* luego y deja las botas junto a la puerta, metiendo sus pies en unas cómodas zapatillas de estar por casa.
"Mmmm… Qué descanso…", piensa. Luego va a la cocina y pone un poco de agua a hervir, para prepararse un té. Mientras se calienta el agua, va a su habitación y enciende el ordenador.

Übung 29: Welches Wort ist das „schwarze Schaf"? Unterstreichen Sie das nicht in die Reihe passende Wort!

1. abrigo, chaqueta, bufanda, percha
2. té, café, cerveza, tila
3. congelar, cocer, hervir, freír
4. relajado, encendido, tranquilo, descansado
5. programa, metro, e-mail, contraseña
6. ruidoso, serio, enérgico, descanso

Estela *regresa* a la cocina y extrae de un frasco una bolsita con té de melocotón, su sabor preferido. Lo coloca junto al ordenador y se sienta.

Teclea entonces su *clave* para *acceder* a un programa especial del CNI, donde están registrados los datos de todas las personas clasificadas por la Central, según delitos o pertenencia a grupos peligrosos: agentes de otros *servicios secretos*, fundamentalistas islámicos considerados peligrosos… Estela busca a alguien con un perfil *científico* que le permitiera conocer de qué trataba la compleja *investigación* de Augusto. No ve nada claro. De repente aparece un pequeño indicador en forma de sobre en la esquina inferior derecha de su *pantalla*. Consulta su *correo electrónico*. Tiene un e-mail de su jefe, Ignacio Ruiz:

"Querida Estela: espero que todo fuera bien con Sergei. Pili olvidó entregarte la fotografía de Lu Fong, te la envío como archivo. Mucha suerte. Ignacio".

Estela sonríe. Ignacio prácticamente no duerme cuando hay *pendiente* un caso importante. Le anima saber que él está despierto y pensando en el trabajo de todos sus agentes. Imprime la fotografía de Lu Fong, un joven chino, con pelo corto y gafas, que sonríe en la foto. Tiene aspecto simpático.

Übung 30: Welche Aussagen sind richtig?
Markieren Sie mit richtig ✔ oder falsch – !

ÜBUNG 30 !

1. A la hermana de Estela le gusta salir de fiesta. ☐
2. Estela olvidó pedirle la fotografía a la secretaria Pilar Jiménez. ☐
3. Estela se siente presionada por saber que Ignacio Ruiz no duerme. ☐
4. Estela tiene un programa con datos de *sospechosos*. ☐
5. Sólo los agentes del CNI tienen *acceso* a la base de datos. ☐

Estela sigue examinando los *registros* del programa del CNI. Tras mirar más de cien fichas, comienza a tener sueño. De repente se abre la puerta y suena un gran *estrépito*, seguido de algunas *palabras malsonantes*.

–¡Ay! ¿Pero quién puso esta silla aquí en medio? ¿Qué es esto? ¿Una *trampa* para que me caiga?

Felicia ha llegado a casa y, por el tono de voz, parece que ha bebido bastante. Estela *sacude* la cabeza, se levanta de la silla y se dirige a la sala de estar. Allí ve a Felicia, acostada en el sofá.

Felicia es una chica de veinticinco años, con pelo largo y *rizado*, atractiva y con mucha vitalidad. Habla en un tono de voz algo alto que a veces molesta a Estela, que tiene que forzar su paciencia para no enfadarse con ella.

Übung 31: Unterstreichen Sie die richtige Variante!

ÜBUNG 31 !

1. La tetera está llena de/con té.
2. Mi amigo tiene una hija de/con quince años.
3. Por la mañana viajo en/por metro a mi lugar de trabajo.

4. Envíame el paquete con/por correo aéreo.
5. Su hijo mide un metro y medio, es muy alto para/por su edad.
6. Me gusta pasear para/por la ciudad en otoño.
7. Ese barrio es peligroso a la/de noche.

Felicia no se ha dado cuenta de que su hermana ha entrado en la sala y se quita las botas, tirándolas al suelo. Una de sus botas casi golpea a Estela, que se retira de un salto. Felicia entonces la ve y *da un respingo*:
–¡Uy, Estela, no te había visto! Pensaba que estabas durmiendo…
–Si estuviera durmiendo me habrías despertado, con el *estrépito* que haces al entrar en casa, Felicia.
–¿Pero yo qué culpa tengo? Entro en la casa a oscuras y hay una silla justo delante, como para no dejarme entrar. ¿Por qué dejas esa silla ahí? Podías ser un poco más ordenada…
–Pero serás… –Estela se contiene para no decir algo de lo que se *arrepienta* luego–. Esa silla estaba en el mismo sitio cuando llegué yo, y creo que yo no la puse ahí… Si no, no me explico qué hacen ahí esa falda y esa camisa… ¿No sería que la pusiste tú para probarte ropa antes de salir?
–Lo siento, Estela, tienes razón –admite Felicia–. Vaya, qué cansada estoy… Me podría quedar durmiendo en el sofá…

Übung 32: Bilden Sie sinnvolle Sätze!

ÜBUNG 32 !

1. hermana la es pequeña Estela de Felicia

2. su introduce *acceso* Estela de *clave*

3. favorita mi es bebida el té

....

4. con quiere Estela no hermana discutir su

....

–¿Dónde estuviste? –pregunta Estela, por cambiar de conversación.

Su hermana responde con entusiasmo:

–¡Guau! No te lo puedes imaginar… En una discoteca nueva que han abierto, que se llama "El Castillo". Está cerca del barrio de Huertas… Una discoteca *guay* de verdad…

–¿Qué música ponen ahí? ¿De esa "tecno" que a ti te gusta? –pregunta Estela con algo de ironía, ya que ella no soporta la música que escucha su hermana.

ÜBUNG 33 !

Übung 33: Lesen Sie weiter und unterstreichen Sie im folgenden Abschnitt die neun Adjektive!

–Sí, pero no sólo tecno, ponen de todo, música muy buena y variada. Dance, house, hip-hop… Bueno, música de esa antigua como Mecano no ponen, la verdad, pero es que tú, hermanita, tienes unos gustos un poco raros…

–Bueno, si me quieres dar lecciones sobre qué música se puede oír y cuál no… –dice Estela con gesto *desdeñoso*.

–No sé, Estela, yo creo que deberías salir de vez en cuando, parece mentira que vivas en Madrid y no disfrutes de la vida nocturna y la *marcha* que hay aquí. Mira, a mí me gustan el tecno y el hip-hop, que es la música más normal, la que hay en todos sitios, pero también hay pubs muy *chulos* que ponen otro tipo de música. Mira en el Barrio de Bilbao, hay muchos bares con música de los ochenta, o si no incluso vete al Barrio de Malasaña, si quieres oír rock. No sé, todo es cosa de salir con amigos e ir conociendo sitios, al menos pasar un rato divertido de vez en cuando…

–Ya, claro, sí… –contesta Estela, que ha dejado de prestar atención.
–Desde luego, no te comprendo –continúa hablando Felicia–. Cuando vivíamos en el pueblo, siempre te quejabas de lo aburrido que era, de que no había nada que hacer, que preferías leer un libro sobre sitios más interesantes que nuestro pueblo, porque en la calle era siempre lo mismo… ¿Y ahora qué? Ahora parece que sólo vives para tu trabajo… No sé, a mí me preocuparía pensar que no he tenido juventud. Pero, ¿me estás escuchando? –pregunta Felicia, algo *indignada* al ver que su hermana no le *hace caso*.

Übung 34: Ordnen Sie die Synonyme einander zu!

ÜBUNG 34 !

1. ☐ protestar	a) continuar
2. ☐ aburrido	b) monótono
3. ☐ enfadado	c) estrepitoso
4. ☐ seguir	d) quejarse
5. ☐ atender	e) hacer caso
6. ☐ ruidoso	f) entusiasmado
7. ☐ exaltado	g) indignado

Estela tarda un poco en contestar, dudando si decir lo que realmente piensa, pues no quiere escuchar otro discurso de su hermana:
–Sí, te estoy escuchando, pero, ¿qué quieres que te diga? A mí me apasiona mi trabajo y no necesito salir cada noche.

–Bueno, tanto como cada noche… *Exageras* un poco…
–Está bien, pues una noche sí y otra no. Además, yo también salí esta noche.
–¿Ah, sí? –pregunta Felicia con mucho interés–. ¿Cómo fue eso?
–Pues cené en un restaurante que tenía nombre chino pero que servía raciones muy ricas.
–¿Y con quién estuviste?
–Pues estuve con Luis y con otra persona que tú no conoces, un ruso.
–Así que con Luis, ¿no? Ya sabía yo que al final ibais a terminar saliendo juntos…
Estela contesta algo *molesta*:
–¿Pero qué dices? Era una cena de trabajo, teníamos que hablar sobre un caso que estamos investigando…

ÜBUNG 35 !

Übung 35: Lesen Sie weiter und füllen Sie die Lücken mit den angegebenen Verbformen aus!
(comienza, había, comenta, quería, sonríe, habla, quedamos, estábamos, quedásteis, era)

–Ya, ya –(1.) ________________ con *picardía* Felicia–. Y esas cosas es mejor no discutirlas en la Central sino en un restaurante solitos los dos, ¿eh? –(2.) ________________, guiñándole un ojo a Estela.

–Te repito que (3.) ________________ una cena de trabajo y además te acabo de decir que nosotros no (4.) ________________ solos, que también (5.) ________________ otra persona –contesta Estela.

–Ya, ya, pero, ¿verdad que después de la cena luego os (6.) ______________ los dos solos?

Estela (7.) ______________ a enfurecerse por las preguntas de su hermana Felicia, y sobre todo por el tono pícaro con que (8.) ______________.

–Pues sí, nos (9.) ______________ solos porque el otro hombre estaba borracho y (10.) ______________ seguir allí más tiempo, pero…

–¡No me digas más! –le interrumpe Felicia–. Si os quedastéis solos, ya me puedo imaginar lo que pasó.
–Imagina lo que quieras, Feli –dice Estela–. Luis es un compañero de trabajo, nada más.
Felicia mira algo sorprendida a su hermana:
–Vaya, pues es un chico muy atractivo. Además, a mí me parece que haríais buena pareja. Los dos estáis obsesionados con vuestro trabajo…
–Precisamente, imagínate, si estuviéramos juntos ya no tendríamos ni un momento de descanso.
–No sé, sigo pensando que deberías darle una oportunidad…
–Bueno, mejor dejamos ese tema. Oye, quería preguntarte algo…
–¿Sí? ¿El qué?
–¿Tú has estado en clase con un chico que se llama Lu Fong?
–¿Cómo has dicho que se llama? ¿Rufo? ¿De Rufino?
–No, Feli, "Lu Fong". Es un estudiante chino.
–Pues no, *no me suena*. En mi *carrera* no hay muchos estudiantes extranjeros y esos suelen ser alemanes, o franceses.

–Vale. Espera un momento –Estela va a su habitación y vuelve con la fotografía de Lu Fong, impresa en tamaño folio.
–¡Ay, ahora me acuerdo! –exclama Felicia–. Sí que lo conozco de vista.
–¿Ah, sí? –Estela *disimula* para que Felicia no *sospeche* de su interés, aunque le ha sorprendido la respuesta de su hermana.

! ÜBUNG 36

Übung 36: Übersetzen Sie die folgenden Aussagen ins Deutsche!

1. Felicia piensa que Estela y Luis harían buena pareja.

2. Estela no quiere que Felicia *sospeche* algo.

3. Estela enseña a su hermana la foto de Lu Fong.

4. Felicia conoce de vista a Lu Fong.

–Sí. Compartía algunas *asignaturas* conmigo hace dos años. Dicen que es un genio. No me extraña que le dieran una beca de investigador en el CSIC. En fin, un *lumbreras*, no como yo, que todavía tengo *asignaturas pendientes* de segundo…
–¿Y cómo era Lu Fong como persona?
–Ya te digo que lo conozco sólo de vista. Parecía algo tímido, pero por lo visto en su *campo científico* es el mejor… pero, ¿por qué me preguntas por ese chico? –Felicia empieza a interrogar a su herma-

na–. ¿Qué pasa, que te gusta? ¿Y cómo es que tienes una foto suya?
–Es una historia muy larga, otro día te la cuento.
–¿Por qué no ahora?

Übung 37: Lesen Sie weiter und ordnen Sie die Buchstaben in Klammern zu einem sinnvollen Wort!

–Porque estoy (1. sacadan) __________. Oye, ¿qué haces este fin de semana? ¿Te quedas en Madrid?

–¡Qué va! Le (2. motípre) __________ a mamá que iría al (3. bluepo) __________. Aunque después de conocer esta nueva (4. cacotisde) __________, me habría gustado quedarme para ir otra vez el (5. dábosa) __________. Iré la próxima (6. menasa) __________. Por cierto, ¿quieres que te traiga algo de (7. asac) __________?

–Pues, si hace mamá empanadas, podrías traerme unas cuantas…
–Uy, no te preocupes por eso. Ya me dijo que había hecho. Y que también tiene botes con *cocido*, *fabada*, lentejas…
–Trae también algo de jamón.
–Tranquila, Estela. Traeré jamón, queso, *morcilla* y también…
–¿Qué? –pregunta Estela, a la que se le empieza a hacer la boca agua.
–Sultanas, esos dulces de coco que tanto te gustan.
–Mmmm, ¡gracias Feli! –Estela da un gran abrazo a su hermana y piensa que, aunque algo *entrometida* y muy diferente a ella en

carácter, en el fondo es un ángel y está contenta de vivir con ella.
–No hay de qué, hermanita –contesta Felicia–. Bueno, creo que ya es hora de dormir, ¿no?
–Sí, eso creo yo también –dice Estela–. Que descanses.
Estela vuelve a su habitación. Ya en la cama, antes de apagar la luz, *apunta* en una pequeña libreta algunos datos sobre Lu Fong, incluyendo los comentarios de su hermana Felicia.

Capítulo 5: Las dudas de Estela

A la mañana siguiente, Estela se levanta a las ocho y, después de ducharse, con cuidado de no hacer ruido para no despertar a Felicia, se dirige a la cocina.

ÜBUNG 38 !

Übung 38: Lesen Sie weiter und übersetzen Sie die Wörter in Klammern!

Estela se prepara un café y coloca unas tostadas en la (1. Toaster) ____________. Cuando las tostadas están listas las coloca en un plato y (2. beginnt) ____________ a *untarlas* con mantequilla y mermelada. Aunque Estela no come nunca en gran (3. Menge) ____________, disfruta mucho en ciertos momentos, por ejemplo con el (4. Geschmack) ____________ del primer *muerdo* en la tostada. (5. Plötzlich) ____________ empieza a sonar su (6. Handy) ____________.

"¿Quién puede (7. mich stören) ______________ en este momento casi sagrado?", se pregunta Estela mientras va a coger su móvil, que está dentro del bolso *colgado* en la (8. Haken) ____________ junto a la puerta de la entrada.

Antes de responder ve que se trata de Luis Toledo.
–¿Sí? –pregunta con una voz neutra.
–Buenos días, *Cenicienta*.
–Buenos días, Luis. ¿Desde cuándo me llamo así?
–Desde que tienes que irte antes de las doce de la noche a casa…
–Ah, muy bien –contesta Estela de buen humor–. Entonces supongo que tú eres el príncipe, ¿no…?
–Si tú lo dices… Tú ya sabes que eres mi princesa…
–Está bien, Luis, ¿qué ocurre? ¿por qué me llamas a estas horas?
–He quedado con los miembros del grupo de *investigación* que dirigía García Durvín para preguntarles sobre Lu Fong, y me preguntaba si te *apetece echarme una mano*.
–Suena interesante… –dice Estela–. ¿Dónde vas a encontrarte con ellos?
–En el propio laboratorio, si quieres me paso por tu casa y te llevo allí…
–No te preocupes, sé dónde es. ¿A qué hora has quedado con ellos?
–Pues en menos de una hora, a las nueve…
Estela hace un gesto de *disgusto*, va a tener que desayunar de nuevo a toda prisa, sin poder disfrutar de las tostadas ni preparse el zumo natural que tenía planeado:
–Vaya… Entonces, si no te importa, sí que me vendría bien si puedes venir a recogerme, voy algo mal de de tiempo.
–Será un placer recogerte en tu castillo, princesa.

Übung 39: Übersetzen Sie und enträtseln Sie das Lösungswort!

1. Toast _ _ ☐ _ _ _ _
2. streichen (Brot) _ _ _ ☐ _
3. trinken _ _ ☐ _ _
4. Saft _ _ _ ☐
5. Laune _ _ _ _ ☐

Lösung: _ _ _ _ _

Estela termina de comer su tostada, va a lavarse los dientes y empieza a vestirse. Poco después suena el *timbre* de la puerta del bloque.

–Estela, soy Luis, ¿te falta mucho?

–No, estoy preparada, ¿acaso no sabes aún lo puntual que soy? Enseguida bajo –contesta Estela, *cuelga* el *auricular* y sale de casa. Luis está esperando dentro del coche y *arranca* nada más entrar Estela.

–¿Qué tal anoche? ¿Investigaste mucho? –pregunta Luis.

–Pues sí, y curiosamente tuve una fuente de información que no me esperaba…

–¿Cuál? –pregunta Luis.

–¡Mi hermana!

Luis mira a Estela como preguntándose si le está *tomando el pelo*.

*Übung 40: Setzen Sie **muy** oder **mucho (-a, -os, -as)** ein!*

1. Tu amiga es ____________ puntual.

2. Tengo ____________ trabajo.

3. Felicia tiene el pelo ___________ largo.

4. Ella tiene ___________ amigos.

5. A Estela le gusta ___________ el grupo Mecano.

6. Tengo ___________ sed.

7. Ella no come ___________.

8. La tarta está ___________ rica.

9. En algunas novelas hay ___________ sorpresas.

10. Le dijo que *tenía* ___________ *cara*.

–Sí, no me mires así. Mi hermana estudia ingeniería química, como Lu Fong, aunque no es tan buena estudiante como él. De todos modos no me dijo gran cosa. ¿Y para ti, qué tal acabó la noche?

–Pues, aunque quería pensar en el caso, sólo podía recordar la *frialdad* de la princesa... De todos modos Ignacio me llamó esta mañana diciéndome que había acordado la cita con los investigadores y que tenía que ir a hablar con ellos.

Übung 41: Setzen Sie in den Plural um!

ÜBUNG 41 !

1. la fuente de información ___________________________

2. una mujer puntual ___________________________

3. la investigación científica ___________________________

4. el buen estudiante ___________________________

5. el gran científico ___________________________

–Tengo mucha curiosidad por saber qué opinan sobre Lu Fong –dice Estela.

–Yo también –comenta Luis–. Aunque probablemente dirán lo mismo que todos: que era muy buena persona y que no se pueden creer que haya cometido un robo así. La gente piensa que los criminales llevan escrito en la cara los crímenes que van a cometer –*concluye* Luis, y dirige una gran sonrisa a Estela.

–¿Tú estás seguro de que fue Lu Fong el ladrón de los virus? –pregunta Estela, mirando fijamente a Luis.

ÜBUNG 42 !

Übung 42: Setzen Sie die richtige Verbform ein!
(permitir, apuntar, querer, tener, bajar, conducir, subir)

–¿Quién si no? –pregunta Luis–. Está claro que es el principal *sospechoso*, todos los indicios (1.) ________________ a él.

–No sé, yo tengo mis *dudas*… pero (2.) ________________ escuchar primero a los compañeros de Lu Fong, quizás eso me ayude algo.

–Ya estamos llegando.

Luis (3.) ________________ hacia una entrada para coches cerrada con una barrera. Luis (4.) ________________ la ventanilla y habla a un micrófono:

–Soy el agente Luis Toledo, (5.) ________________ una cita con el doctor Carlos Gutiérrez y otros compañeros suyos.

La barrera se eleva y (6.) ________________ que pase el coche. Tras dejar el coche en el *aparcamiento subterráneo*, Luis y Estela (7.) ________________ en un ascensor. Luis marca el piso quinto.

–Vaya, parece que conoces bien este lugar –comenta Estela.
–Bueno, la verdad es que es la primera vez que estoy aquí... –en ese momento llegan al quinto piso–. Vamos. Es la habitación... –Luis no consigue recordar el número y tiene que sacar un *papel* de su bolsillo–. Ah, sí, la puerta 399.
Cuando llegan, la puerta está cerrada, y no hay *timbre*.
–Vaya, esto no lo esperaba –dice Luis, saca su móvil y marca el número del doctor Carlos Gutiérrez, que dirige temporalmente las *investigaciones* mientras se recupera el doctor García Durvín y con el que ha quedado Luis Toledo. En ese momento se abre la puerta y aparece el doctor Gutiérrez. Es un hombre de unos cincuenta años, con algunas *entradas* y bigote *entrecano*. Lleva una *bata* blanca y les da la mano sonriente:
–Buenos días, señor Toledo. Veo que trae compañía.
–Soy la agente Estela Bonavente Torres –se presenta Estela, antes de que Luis pueda hacer una de sus típicas presentaciones *bromistas*–. Encantada de conocerle.
–El gusto es mío, señorita –contesta el doctor Gutiérrez–. Disculpen que estuviera la puerta cerrada. Después del robo hemos tenido que instalar un nuevo sistema de seguridad que hace que las puertas tarden siete minutos en abrirse desde que activamos la *clave*. A veces es un poco *molesto*, pero uno termina acostumbrándose –el doctor Gutiérrez hace un gesto con la mano y señala al interior de la sala antes de decir– Bueno, pueden entrar. Éste es el laboratorio donde trabajábamos con los virus.
Luis y Estela entran en el laboratorio. Es una habitación muy amplia, con grandes mesas blancas y diversos aparatos: microscopios de muchos tipos, *probetas*, *matraces*, termómetros y otros instrumentos cuyo nombre *ignoran* tanto Luis como Estela. Además de Carlos Gutiérrez hay dos hombres y una mujer que están examinando *resultados* con los microscopios.

ÜBUNG 43

Übung 43: Formulieren Sie Fragen zu den Antworten!

1. ¿Dónde vives?	Vivo en Madrid.
2. ______________	Me llamo Estela.
3. ______________	Tengo veintinueve años.
4. ______________	Mi bebida preferida es el té.
5. ______________	Son las nueve y media.
6. ______________	Sí, sé conducir.

Carlos Gutiérrez tiene que *llamarles la atención* para que levanten la mirada:

–Inés, José Manuel, Pedro, escuchadme. Éstos son los agentes Luis Toledo y Estela Bonavente, encargados de investigar la desaparición de los virus.

Los tres *científicos* miran a Luis y Estela con rostros algo *temerosos*. Estela decide tranquilizarlos:

–No se preocupen, pueden continuar con su trabajo. El doctor Gutiérrez nos informará sobre lo que necesitamos.

ÜBUNG 44

Übung 44: Welche Gegenteile gehören zusammen? Ordnen Sie zu!

1. ☐ aparecer	a) reír
2. ☐ confiar	b) interrumpir
3. ☐ recordar	c) desaparecer
4. ☐ hablar	d) callar
5. ☐ entrar	e) olvidar
6. ☐ llorar	f) desconfiar
7. ☐ continuar	g) salir

–Tiene razón, señorita *–asiente* el doctor Gutiérrez–. No interrumpamos el trabajo de mis colegas. Podemos hablar en el pasillo.
–Según he oído, usted es especialista en virología y uno de los directores de la *investigación* sobre el virus E-06, ¿no es cierto? –pregunta Luis.
–Para ser más exactos yo era vicedirector del proyecto, y sólo estaba *subordinado* al doctor García Durvín.
–Eso es. Doctor Gutiérrez, no quiero *andarme por las ramas*, y prefiero *ir al grano* directamente. ¿Usted cree que hay una relación directa entre el robo de los virus y la desaparición de Lu Fong?
El experto químico reflexiona antes de responder, mirando fijamente a Luis, y pregunta a su vez:
–¿No cree que esa pregunta deberían responderla ustedes? Yo no soy quién para saber quién robó los virus, yo no estaba allí.

Übung 45: Lesen Sie weiter und unterstreichen Sie die richtige Variante!

–¿Qué trato (1.) tenía/tiene usted con Lu Fong? –continúa preguntando Luis.
–Pues el trato normal con un compañero (2.) para/de trabajo. Fuera del *ámbito* profesional no puedo decir que le conociera.
–¿Cómo definiría usted a Lu Fong como (3.) profesional/amigo? –interviene Estela.
–Lu Fong era un ayudante magnífico. Desde el (4.) fin/principio nos sorprendió su rapidez mental, su (5.) oscuridad/claridad para proponer soluciones donde nosotros no sabíamos (6.) cómo/cuándo seguir... Tenía una mente excepcional...
–¿Alguna vez hizo Lu Fong (7.) nada/algo que le pareciera *sospechoso*, fuera de lo normal? –pregunta Estela.

–No. Era un hombre muy discreto. No era frío, pero sí *cortés* y, realmente, no nos preguntábamos por lo que hacíamos fuera del trabajo.

–Está usted hablando en pasado –señala Luis.

–Sí, ¿qué quiere que le diga? No sé si le volveremos a ver… Quién sabe dónde estará ahora.

–¿Tiene usted alguna *hipótesis*? –pregunta Estela.

–Ya he dicho que no quiero hacer el trabajo de detective. ¿Para qué están ustedes? –pregunta Gutiérrez algo nervioso–. Les he dicho lo que sé: Lu Fong era un *científico* excepcional, un genio y todo eso… Todos lo pensaban y por eso tenía la *responsabilidad* que tenía, aunque… En fin, ya les he dicho lo que sé.

–Aunque, ¿qué? –pregunta Estela, que no quiere que Gutiérrez se calle.

ÜBUNG 46 !

Übung 46: Setzen Sie die Verben in die passende Lücke!
(parecía, estuve, decía, sabíamos, daba)

–Pues, si les digo la verdad, yo nunca (1.) ____________ de acuerdo con que Lu Fong tuviera tanta *responsabilidad*, a pesar de su brillantez. Había llegado hace poco, era extranjero, nosotros no (2.) ________________ nada de su vida… El profesor Augusto no (3.) ____________________ importancia a todas esas circunstancias, (4.) _____________ *deslumbrado* por el talento de Lu Fong. Siempre me (5.) ____________: "Carlos, ese chico que ha llegado es una joya, tenemos que conseguir que se quede aquí con nosotros…".

En fin, una extraña obsesión. No sólo yo veía mal esto… Uno de mis colegas opinaba que Lu Fong "le había *comido el coco*" a nuestro jefe. Yo alguna vez intenté convencerlo para que no diera tanta confianza a Lu Fong, pero él nunca quiso escucharme. En fin, ya saben cuál fue el *resultado*…
–Usted cree que Lu Fong cometió el robo *–concluye* Luis.
–Usted insiste en que yo dé mi opinión sobre este asunto, cuando yo no tengo pruebas para hacerlo. Yo sólo considero una *coincidencia* muy extraña que desaparezcan al mismo tiempo los virus y Lu Fong. ¿No le parece? Pero eso lo ve cualquiera. Por lo demás, siempre traté a Lu Fong de forma correcta, sin darle privilegios pero también sin ponerle *obstáculos*. Más no se me puede pedir…
Estela observa con curiosidad cómo Gutiérrez va poniéndose cada vez más nervioso a la vez que habla, y decide preguntarle:
–Doctor Gutiérrez, una pregunta indiscreta… ¿Usted se vio *perjudicado* por la llegada de Lu Fong?
Gutiérrez *enmudece* durante un momento, y luego contesta, *dominando* sus nervios:
–No. Yo seguí en el puesto que estaba. Sin embargo, no puedo negar que me pareció injusto que el doctor Augusto empezara a confiar más en alguien que acababa de llegar que en los colegas que habíamos compartido trabajo con él durante años, en mi caso durante casi dos décadas. Eso sí me dolió, no puedo negarlo. Pero eso no influye en mi opinión sobre Lu Fong, puedo *asegurárselo*.

Übung 47: Welches Wort ist das „schwarze Schaf"?

ÜBUNG 47 !

1. año, década, tiempo, día, mes
2. rapidez, claridad, deslumbrado, inteligencia, sabiduría
3. termómetro, probeta, investigación, matraz, microscopio

4. enfadado, nervioso, tranquilo, enojado, excitado
5. antes, después, mientras, lejos, hoy

–Disculpe si le molestó mi pregunta, señor –dice Estela–, pero *forma parte* de nuestro trabajo. Sus respuestas nos han sido muy útiles. Luis, ¿tienes tú algo más que preguntar al señor Gutiérrez?
–No, creo que ya le hemos entretenido demasiado tiempo. Muchas gracias, doctor Gutiérrez.
–No hay de qué, agentes. Es un deber pero también un placer colaborar con ustedes. Esperemos que tengan éxito. Prefiero no pensar qué podría ocurrir si ese virus cae en malas manos…

ÜBUNG 48 !

Übung 48: Lesen Sie weiter und unterstreichen Sie im nächsten Abschnitt die Synonyme der Wörter in Klammern!
(1. apretar, 2. andan, 3. difícil, 4. opino, 5. sorprendido, 6. aún, 7. oír)

Tras estrechar la mano del doctor Gutiérrez y despedirse de él, Estela y Luis caminan pensativos de camino al aparcamiento.
Ya en el coche, Luis decide romper el silencio:
–¿Tú qué opinas, Estela? Yo creo que el caso está bastante claro.
–¿Ah, sí? ¿Por qué piensas así?
–En mi opinión, está claro aunque va a ser complicado y nosotros no vamos a poder intervenir. Habrá que enviar una orden internacional de *detención* de Lu Fong, pero si está ya en China no sé qué podremos hacer… Una vez que interviene la diplomacia…
–La verdad, Luis, yo creo que no está tan claro.
Luis mira asombrado a Estela:
–¿Por qué? ¿Tienes todavía *dudas*, después de escuchar lo que ha dicho el doctor Gutiérrez?

–Pues sí. Creo que el caso está "demasiado claro". Me parece que Lu Fong tenía una *carrera prometedora* en el CSIC, era *apreciado* y admirado. Además, ten en cuenta que, si quisiera llevar el secreto del virus a su gobierno, no necesitaba desaparecer así, levantando *sospechas*. Podría pedir unas vacaciones, una *excedencia*... Y tampoco sería muy inteligente por parte de su gobierno hacer caer todas las *sospechas* sobre un *espía* a su servicio. Lu Fong podría haberse puesto en contacto con su gobierno de otra forma, incluso robar los virus pero seguir haciendo su trabajo. No sé, me parece demasiado evidente. Hay algo que se me escapa, pero no sé qué...
–Puede que tengas razón.
–¿Oye, puedes meterte por esa calle? Por aquí cerca está mi casa.
–Como quieras, Estela –dice Luis, que está algo cansado y *renuncia* a invitar de nuevo a Estela a comer–. Yo voy a la Central a informar a Ignacio sobre nuestra reunión con Gutiérrez. Hasta luego, princesa...

Übung 49: Übersetzen Sie die folgenden Aussagen ins Spanische!

ÜBUNG 49 !

1. Luis verabschiedet sich von Estela.

2. Luis wollte Estela zum Essen einladen.

3. Es war ein Vergnügen, mit ihr zu arbeiten.

4. Luis glaubt, dass Lu Fong in China ist.

5. Grüß deine Schwester von mir.

6. Warum fragst du mich?

Cuando Estela vuelve a su casa recibe una gran sorpresa, al ver que la sala de estar está recién fregada y todo ha sido puesto en orden, pero su sorpresa es aún mayor al entrar en la cocina. Sobre la mesa hay una *cazuela* con lentejas, preparadas con zanahoria, cebolla y *morcilla*, y junto a ella una hoja de *papel* escrita: "Hermanita, he *descongelado* las lentejas que nos preparó mamá y te he dejado la mitad. También he ordenado la casa y la he limpiado, así no tendrás que preocuparte más que de tu trabajo. Tomo el autobús de las 12.30, así que nos vemos el lunes. Besos, Feli".
"Vaya, esto no me lo esperaba", piensa Estela. "De una forma u otra, siempre me sorprende."

Pero, en realidad, Estela está tan preocupada por el caso que no tiene apetito. Apenas prueba las lentejas, y luego va a su habitación, enciende el ordenador y consulta el *correo electrónico*, pero no tiene ningún mensaje nuevo. ¿Qué hacer? De repente se le ocurre llamar a su antiguo jefe, Javier Herreras. Gracias a su confianza empezó a trabajar para la Central. Javier se jubiló hace un año, dejando su puesto a Ignacio Ruiz, pero Estela guarda una buena amistad con él y hablan por teléfono de vez en cuando. Javier, al que no le gustaba demasiado Madrid y que *huía* en cuanto podía tomarse unos días de vacaciones a su casa de Tenerife, se ha retirado a la isla y sólo muy de tarde en tarde vuelve a la capital. Estela sabe que puede recurrir a su antiguo jefe en cualquier momento, y ya le sirvió de ayuda en otros momentos difíciles.

Übung 50: Welche Aussagen sind richtig?
Markieren Sie mit richtig ✔ oder falsch – !

1. Javier Herreras era antes el jefe de Estela. ☐
2. Felicia dejó la casa muy desordenada. ☐
3. Estela recibe un *correo electrónico* de Javier. ☐
4. Felicia ha perdido el autobús. ☐
5. A Javier no le gusta Madrid. ☐
6. Javier y Estela son amigos. ☐
7. Estela piensa que Lu Fong robó los virus. ☐
8. Luis piensa que Lu Fong robó los virus. ☐

"Eso es", piensa Estela. "Llamaré a Javier y le contaré el caso y la situación en la que estamos. Quizás él tenga alguna idea."
Estela busca el número de Javier en la agenda de su móvil y lo marca. Nadie responde al principio. Finalmente, una voz de hombre, mayor pero con buen humor, saluda:
–¿Estela? ¿Eres tú?
–Hola, Javier, sí, soy yo. Oye, ¿dónde estás ahora? Oigo mucho ruido.
Estela oye a través del móvil voces de niños, gritos y otros ruidos que no identifica.
–¡Estoy en la playa con mis nietos! ¿No es fantástico? Es octubre y todavía podemos estar en la playa. No sé qué hacéis los madrileños, por qué no venís todos a vivir a este paraíso… –dice Javier, riéndose.
–Oye, Javier, si estás ocupado puedo llamar en otro momento, no quiero molestar.
Javier, que nota por el tono de la voz de Estela que tiene problemas y que no le ha llamado sólo para charlar, contesta:

Übung 51: Lesen Sie weiter und setzen Sie die korrekte Verbform im Präsens ein! Achten Sie dabei auf die unregelmäßigen Formen!

–No me (1. molestar) __________ en absoluto. Espera un momento que me vaya a otro sitio más tranquilo, los niños están jugando y no te oigo bien.

–¿Quién es, abuelito? –(2. oír) __________ Estela que le (3. preguntar) __________ a Javier.

–Una amiga de Madrid, ahora (4. volver) __________ –le (5. decir) __________ Javier a uno de sus nietos, y luego a Estela–. A ver, chica, cuéntame qué (6. ocurrir) __________.

Estela le (7. contar) __________ a Javier el misterioso robo, la desaparición de Lu Fong, las entrevistas con el doctor García Durvín, con Sergei y con el doctor Gutiérrez, y (8. *concluir*) ________________ exponiéndole lo desorientada que está. Javier (9. escuchar) __________ atentamente, (10. pensar) __________ luego un momento y finalmente (11. decir) __________:

–Creo que tienes un *presentimiento*, pero que no me lo quieres decir, no sé por qué. Tú no crees que Lu Fong haya robado los virus, ¿verdad?
–Es cierto. No creo que haya sido él.
–Entonces, ¿cómo explicas su desaparición? –pregunta Javier.
Estela piensa un momento y luego responde:
–Pues… yo pienso que pudo ser *secuestrado*.

–¿Por quién? –pregunta Javier, con seriedad.
–Pues… –Estela duda, no sabe qué decir–. Eso es lo que no sé, no tengo ningún *sospechoso*… Pero creo que tuvo que ver con el robo… Quizás la misma persona que robó los virus…

Übung 52: Lesen Sie weiter und übersetzen Sie die Wörter in Klammern!

–Estela –(1. sagt) *d*__________ Javier, en tono de confianza–, ya te dije una vez que, muchas veces, (2. obwohl) *a*__________ no tengamos una prueba, conviene seguir nuestras intuiciones… Puede que te equivoques, pero es mejor seguir una (3. Spur) *p*__________ *incierta* que esperar sin hacer nada. De todas formas se me ocurre…
–¿Qué? –pregunta Estela, (4. ungeduldig) *i*__________.
–Me has dicho que sólo el doctor García tenía (5. Zugang) *a*__________ al laboratorio, ¿verdad?
–Así es, salvo que alguien consiguiese la (6. Passwort) *c*__________ que tenía él.
–¿Has pensado en investigar entre la gente conocida de ese (7. Wissenschaftler) *c*__________? Su familia, sus amigos…
Estela se queda algo (8. überrascht) *s*__________.
–La verdad es que no, Javier. Pensé enseguida en los compañeros de trabajo, pero no en otras (9. Personen) *p*__________ que pudieran conocer al doctor García.

–Es sólo una *sugerencia*, Estela. Quizás no encuentres nada interesante, pero siempre conviene *comprobarlo*.

–Tienes (10. Recht) r__________, Javier. Muchas gracias. De nuevo me has *echado una mano* cuando no tenía ni idea de cómo seguir.

–No hay de qué, mujer. Gracias a ti por acordarte de un viejo jubilado como yo.
–¿Qué dices? –bromea Estela–. Estoy convencida de que estabas deseando jubilarte para marcharte a Tenerife… Tú podrías seguir haciendo muy buen trabajo en la Central.
–Quizás tengas razón. Pero hay que dejar paso a la gente joven como tú, ¿no? Bueno, chica, mis nietos ya me están echando de menos. A ver si otro día podemos hablar más tiempo.
–Dales saludos a tus nietos de mi parte.
–Lo haré.

ÜBUNG 53 !

Übung 53: Übersetzen Sie die deutschen Wörter und ermitteln Sie das Lösungswort!

1. Strand □ _ _ _ _
2. Insel _ _ _ □
3. spielen _ _ _ _ □
4. Passwort _ _ □ _ _
5. kalt _ _ □ _
6. Sonne □ _ _
7. Enkel _ _ _ _ □

Lösung: _ _ _ _ _ _ _

Capítulo 6: Marcelo

Esa misma tarde, Estela llama por teléfono a Ignacio:
–Hola, Ignacio. Se trata de Augusto…
–¿Qué ha pasado? ¿Ha confesado algo? –pregunta Ignacio muy excitado.
–No, no. Pero quería que me dieras más datos sobre él. En el *informe* sólo aparecían sus reacciones ante el robo, pero a mí me gustaría saber más cosas de él.
–De acuerdo. Ven a la Central entonces. Tendré toda la información preparada para cuando vengas.

Poco después, Estela llega a la Avenida del Padre Huidobro y estaciona su coche en el *aparcamiento subterráneo* del edificio de la Central.
Ignacio le está esperando en su despacho particular, consultando datos en el ordenador. A su lado hay varios *archivadores* con fichas. Se da la vuelta al oír los pasos de Estela:
–Hola, Estela, ya estás aquí. Bueno, en concreto, ¿qué te gustaría saber sobre Augusto García?
–Pues su *trayectoria* hasta llegar al puesto de director de *investigación* virológica en el CSIC, si tiene algún familiar con *antecedentes penales*… Toda la información que tengamos disponible sobre él.
–Muy bien. Espera un momento –dice Ignacio, que conecta entonces un proyector sobre una de las paredes de la oficina–. Tengo esta información guardada en el ordenador, pero así la veremos mejor. Vamos a ver… Ah, sí, aquí está.
En la pared aparece proyectada una ficha con una fotografía de Augusto García Durvín y sus datos principales. Estela empieza a leerlos con mucha atención:

Übung 54: Füllen Sie die Lücken in der Polizeiakte aus!
(apellidos, fecha de nacimiento, nacionalidad, nombre, lugar de nacimiento, estado civil, profesión)

1. __________________________: Augusto
2. __________________________: García Durvín
3. __________________________: 14 de abril de 1949
4. __________________________: San Salvador de Jujuy
5. __________________________: española
6. __________________________: Bioquímico, jefe de grupo de *investigación*
7. __________________________: viudo

–¿Puedo pasar a la siguiente diapositiva? –pregunta Ignacio, que se da cuenta de cómo Estela observa con mucha atención la ficha.
–Sólo una curiosidad… Ese pueblo de "San Salvador de Jujuy", ¿en qué región de España está? *No me suena* nada…
Ignacio Ruiz no puede evitar una *carcajada*:
–No es un pueblo, sino una ciudad, y está en Argentina.
–¡Ah! No sabía que el profesor García Durvín fuera argentino. No tiene nada de acento. Pensé que era español…
–Es un detalle que no te conté, porque yo también lo *ignoraba* hasta ahora. Augusto García Durvín es argentino, pero vive desde hace más de veinte años en España y ha *adquirido* la nacionalidad española. Llegó en 1977. Estaba casado con una médico madrileña, que murió hace algunos años. Bueno, aquí tenemos algunos datos más sobre su rápida *carrera* en la universidad… Doctorado

en la *Complutense*, jefe de Medicina Interna en distintos hospitales, becado por el CSIC, hasta llegar a director del Laboratorio de Virología –va diciendo Ignacio mientras pasa rápidamente diapositivas en el proyector.
–Interesante, pero, ¿qué hay de su familia? Has dicho que su esposa murió. ¿De qué murió?
–De un cáncer de pulmón. A raíz de eso el profesor García Durvín tuvo una depresión y abandonó el CSIC, pero volvió hace un par de años.
–Cuando entró Lu Fong en el CSIC…
–Algunos meses antes, aunque no sé si eso es importante –comenta Ignacio.

Übung 55: Welches Wort ist das „schwarze Schaf“? Unterstreichen Sie das nicht in die Reihe passende Wort!

1. cáncer, hepatitis, virus, tuberculosis, gripe
2. nieto, esposa, hijo, vecino, padre
3. argentino, madrileño, español, alemán, peruano
4. adquirir, conseguir, lograr, dormir, ganar
5. mediano, grande, bonito, pequeño, enorme
6. mando, vengo, logro, ando, cuando

–¿Qué hay de su familia? ¿Hay alguien con *antecedentes*?
Ignacio mira fijamente a Estela, como queriendo mantener el *suspense* durante un momento, y luego contesta:
–En efecto, Estela. No directamente con robos o con tráfico de armas químicas, pero es interesante saber a quién tiene como compañero de vivienda Augusto García.
–¿Y de quién se trata? –pregunta Estela con curiosidad.

–Su hermano, Marcelo García Durvín.

–Mmmm… Vive con su hermano, como yo. Hasta ahora pensaba que yo era un *bicho raro* –comenta Estela, y luego, otra vez en tono serio–. ¿Y qué pasa con su hermano?

–Marcelo García Durvín era sargento del ejército argentino durante la dictadura militar en Argentina. La dictadura fue impuesta por el *golpe de Estado* del *coronel* Jorge Rafael Videla en 1976 y duró hasta 1983.

–¡Esto suena muy interesante! –exclama Estela.

–Se *sospecha* que participó en la "guerra sucia", o sea, la *represión* del régimen contra las personas que se oponían a él. Dicen que estuvo presente en los CCD, esto es, los *Centros Clandestinos de Detención*, donde se *torturaba* a *opositores* y, además, participara en los "vuelos de la muerte". Sabes *a* lo que *me refiero*, ¿verdad, Estela?

–Sí, claro. Tiraban a los *detenidos* con vida desde aviones en pleno Océano Atlántico… Algo horrible…

–Así es. Sin embargo, García Durvín niega haber participado en esos vuelos, así como en los CCD. Habló siempre de una campaña de *difamación* de la prensa, y hasta el momento no han aparecido pruebas *concluyentes*.

–Y Augusto, ¿tuvo algo que ver con la dictadura militar?

–No lo creo. Parece que es una familia dividida. Augusto se exilió en España al comenzar la dictadura. Su hermano llegó seis años después, al terminar el régimen militar. Marcelo estuvo viviendo en distintos lugares de España: en Málaga, en un pueblecito gallego y en Bilbao, hasta que llegó a Madrid. Al parecer vive con su hermano desde hace poco tiempo.

–¿Cómo es la relación entre los hermanos? –pregunta Estela.

–Parece que no demasiado buena. De hecho, creemos que Marcelo García Durvín tenía problemas económicos, y sólo por eso se fue a vivir a la casa de su hermano.

Übung 56: Welche Aussagen sind richtig?
Markieren Sie mit richtig ✔ oder falsch – !

1. La esposa de Augusto murió por causas desconocidas. □
2. La dictadura militar en Argentina duró de 1977 a 1983. □
3. El *golpe de Estado* de Videla puso fin a la dictadura. □
4. Augusto *huyó* de la dictadura militar. □
5. Marcelo *huyó* de la dictadura militar. □

Estela se queda pensando un momento:
–Quizás deberíamos hacer algunas preguntas a Marcelo –dice al fin.
–Eso iba a decirte –sonríe Ignacio–. Había pensado que Luis y tú podríais ir a su casa esta misma noche, si te parece bien.
–Sí, ¿por qué no? Ya me estoy acostumbrando a estos *interrogatorios* en pareja…
–De acuerdo, voy a llamarle –dice Ignacio, mientras saca su móvil–. Hola, Luis, necesito que venga cuanto antes a la Central… Sí, tiene que encargarse de algo, se lo contará la agente Bonavente… Sí, ella va a acompañarle…

Übung 57: Formulieren Sie die Aussagen neu, indem Sie die markierten Satzteile in den Plural setzen!

1. La dictadura cometió **un crimen**.

____

2. **Me voy** a **mi casa**.

____

3. **Mi compañero** de piso es muy amable.

....

4. **La ciudad** es más agradable.

....

Poco después, el *potente* coche de Luis Toledo llega al aparcamiento de la Central, donde ya le espera Estela.

–Parece que nunca voy a tener que esperarte, princesa. Eres puntual como un reloj.

–Si te gusta esperar intentaré complacerte, pero tendrá que ser fuera de nuestras horas de trabajo –responde Estela.

–¿Podré ver a la princesa fuera del trabajo? –pregunta Luis sin poder ocultar su emoción.

Estela calla un momento:

–Ya veremos… –dice, y a continuación cambia rápidamente de tema:

–Tenemos que ir a la casa del Doctor Augusto García.

–¿Vas a *interrogarle* otra vez? ¿Te quedaron *dudas* tras la primera vez?

–No, vamos a *interrogar* a su hermano.

–¿A su hermano? ¿Qué tiene él que ver con el caso? –pregunta sorprendido Luis.

–Tal vez nada, tal vez tenga mucho que ver. Esperemos que esté en casa. Si no, tenemos una orden de *registro* que ha conseguido Ignacio del juez…

–Vaya, Ignacio es un genio para *acelerar* los *trámites* –comenta Luis con admiración–. ¿Y adónde tenemos que ir?

–A la Avenida de América, cerca de la estación de autobuses.

–Perfecto, esa zona la conozco bien. No creo que me pierda…

–Eso espero –comenta Estela.

Übung 58: Setzen Sie die passenden Verben ein!
(espera, se va, toca, se acerca, dejar, pasa, arranca, se mueve, hablando, aparcar, esperar)

Quince minutos después llegan a la Avenida de América. Luis mira a los lados y comenta decepcionado:

–Vaya, parece que no hay sitio donde (1.) ______________.

Estela ve en ese momento a una señora mayor que entra en un coche:

–Creo que esa mujer nos va a (2.) ______________ un sitio libre.

Luis (3.) ______________ y (4.) ______________ a que salga el coche de la señora, pero éste no (5.) ______________.

–¿Qué (6.) ______________? ¿Por qué no (7.) ______________?

Estela dirige la mirada al interior del coche:

–Parece que está (8.) ______________ por teléfono.

–¡Oh, no! –exclama Luis, y (9.) ______________ la *bocina*.

–Luis, ¡qué impaciente eres! –le critica Estela–. Podemos (10.) ______________ cinco minutos.

La anciana del coche, al darse cuenta, deja de hablar, *arranca* el coche y (11.) ______________.

Tras estacionar el coche, Luis y Estela se dirigen a la puerta de un bloque de pisos. Luis llama al *portero automático*, pero, aunque lo intenten varias veces, nadie responde.

–Bueno, vamos a probar con el número de teléfono –dice Luis, y marca el número que le dio Ignacio. Luis espera pero, de nuevo, no responde nadie.

Estela entonces tiene una idea:

–¿A qué piso has llamado?

–Tercero B, ¿por qué?

Entonces Estela pulsa el *timbre* del piso Tercero A. Enseguida responde la voz de un hombre mayor:

–¿Sí?

–Hola, perdone que le moleste. Soy una amiga de Marcelo, le estoy llamando pero no me abre, ¿me podría abrir usted?

–Sí, claro, pase.

Estela empuja la puerta y entra junto a Luis.

–Quizás sería mejor que fuera yo sola, para no despertar *sospechas* –dice Estela.

–Como quieras, yo te espero abajo. Si ocurre algo, dame un toque al móvil.

–De acuerdo –dice Estela, y pulsa el botón del ascensor, que no reacciona. –Vaya, parece que está *averiado*. Iré por la escalera.

Cuando Estela llega al tercer piso, la puerta del Tercero A está *entreabierta*. Estela *sospecha* que la están observando. Instintivamente se lleva la mano al cinturón, donde guarda su revólver. Sin perder de vista la puerta de al lado, llama al *timbre* del Tercero B, sin *obtener* respuesta. La puerta de la casa de al lado se va abriendo lentamente. Estela agarra su pistola sin mostrarla, escondiéndola bajo el abrigo.

–¿Quién hay ahí? –pregunta Estela con voz decidida.

Se abre entonces la puerta del todo y aparece un hombre de unos cincuenta años, calvo y algo grueso, con pijama y pantuflas.

–Buenas… ¿Quería ver usted a Marcelo García Durvín? –pregunta con voz algo *temerosa*.

–Sí. ¿Sabe si está en casa? –pregunta Estela.
–No sé… No le veo desde hace un par de días… Pero, ¿quién es usted? Éstas no son horas para molestar a la gente, ¿no cree?
–Disculpe, como le dije, soy una amiga de Marcelo García. Me llamo Estela Bonavente.
El hombre parece *sospechar* de Estela.
–No le había visto a usted nunca por aquí…
–No, no vengo a menudo… ¿Conoce usted mucho a Marcelo?
–No… Lo normal… Nos saludamos… Conozco mejor a su hermano Augusto, aunque hace también dos días que no lo veo. No sé si se habrán ido de vacaciones.

Übung 59: Unterstreichen Sie das passende Wort!

! ÜBUNG 59

1. Él quiere saberlo todo. Es un hombre muy curioso/*sospechoso.*
2. No andes sola por este barrio de noche. Es muy peligroso/*temeroso.*
3. No hay sitio donde *arrancar*/aparcar el coche. Todo está ocupado.
4. Estoy acompañado/acostumbrado a levantarme temprano.
5. Mi primo no se lleva bien con su padre. Discurren/discuten a menudo.
6. Estaba hablando con ella, se enfadó y cortó/*colgó* el teléfono.
7. Tu amigo no puede esperar, es muy impaciente/insoportable.

–¿Conoce usted bien a Augusto?
–Sí, es un señor muy amable, muy trabajador. Yo he vivido casi toda mi vida en este piso y recuerdo cuando llegó, allá a principios de los ochenta. Es curioso, hablaba entonces con un acento argentino muy marcado, y ahora habla casi como un madrileño… Aun-

que esto creo que fue “por culpa” de su esposa, que en paz descanse…

–Era entonces usted amigo de los García Durvín, ¿no?

–Sí, al menos éramos buenos vecinos. Por ejemplo, ellos daban de comer a mi gato cuando yo me iba de vacaciones, o yo les *regaba* las plantas si no estaban ellos.

–¿Tiene usted una llave del piso de al lado? –pregunta Estela.

–Eso no es asunto suyo, ¿no le parece? –pregunta el hombre en tono *desafiante*.

–Sí que lo es –dice Luis Toledo, que aparece entonces en la escalera–. Nosotros somos agentes del CNI. Traemos una orden de *registro* de la casa de Augusto García.

–¿Cómo? ¿Por qué?

–Eso no le importa. Denos la llave para no tener que romper la puerta y para que no sea usted acusado de *obstaculizar* la acción policial.

El hombre, con cara de miedo, entra en su casa y poco después vuelve con un *llavero*, del que saca una llave.

–Es ésta. Pero yo no *pretendía obstaculizar* a la justicia… Comprenda que no podía saber quién era la señorita.

–No se preocupe, señor… –dice Estela, con una sonrisa.

–Me llamo Mariano Quesada –contesta el vecino, algo más tranquilo por el tono de Estela–. Encantado de conocerla.

Estela y Luis se despiden de Mariano, que vuelve a cerrar la puerta de su casa. Luis abre la puerta del hogar de los García Durvín y queda un momento parado, sin saber qué hacer.

–¿A qué esperas? –pregunta Estela.

Luis *titubea* antes de responder:

–Quizás Marcelo esté dentro de la casa… y… podría estar armado.

Luis dirige una mirada algo miedosa a Estela.

Ésta suspira y dice con voz más suave:

–Está bien, entonces pasaré yo primero –Estela entra decidida en la casa, siguiéndola Luis.
Los dos agentes se mueven *sigilosamente* apoyando la espalda en la pared, y recorren todas las habitaciones para *asegurarse* de que Mariano no está escondido. Una vez *comprobado*, comienzan a examinar el domicilio.

Übung 60: Bilden Sie aus den folgenden Wörtern sinnvolle Sätze!

ÜBUNG 60

1. de   Augusto   Estela   vecino   de   el   desconfía

____

2. casa   de   he   llave   la   mi   perdido

____

3. ciudad   llegué   cuando   esta   a   recuerdo

____

4. finge   de   amiga   Marcelo   Estela   ser

____

5. Luis   ver   al   se   nervioso   Mariano   puso   a

____

6. mueven   con   se   cuidado   mucho

____

El piso de Augusto y Marcelo no es muy grande, lo cual sorprende a Estela, pues había pensado que Augusto, por su cargo, viviría en una casa más lujosa.

Übung 61: Lesen Sie weiter und setzen Sie das passende Wort ein!
(cómoda, mesa, fotografías, padres, cama, sofás, armario, habitación)

La casa tiene un salón grande, con una gran (1.) ____________ en el centro y con cómodos (2.) ____________ de diferentes colores. Junto a una pared hay una (3.) ____________ sobre la que hay varias (4.) ____________ de la familia de Augusto: una es probablemente de sus (5.) ____________, un anciano y una anciana sonrientes en una pradera, y otra de una mujer *esbelta*, con pelo largo muy negro y mirada penetrante, su esposa, quizás. Estela se dirige a la (6.) ____________ de Marcelo, donde está ya Luis.

–¡Mira! ¿No te parece extraño? –pregunta Luis, haciendo un gesto y señalando alrededor–. La (7.) ____________ está deshecha, con las sábanas en el suelo. El (8.) ____________ de la ropa está abierto, y hay camisas y calcetines tirados en el suelo.

–Parece como si Marcelo se hubiera marchado a toda prisa de aquí –comenta Estela, que fija entonces su mirada en la *papelera* que hay en un rincón de la habitación. Se dirige a ella y se *agacha*. Dentro hay *envoltorios* de chocolatinas y varios *papeles*.
–¿Qué haces, Estela? –pregunta Luis, sorprendido.
–Un momento… –Estela va *desenvolviendo papeles*: un ticket de la compra, chocolatinas, plátanos, pan, una pizza y una botella de agua. "Un *recibo* del cajero automático de un banco, esto puede ser interesante", piensa Estela, pero sólo indicaba una retirada de

veinte euros, de hace varias semanas.
Mientras, Luis *registra* el resto de la habitación. Es un dormitorio apenas decorado. Únicamente, sobre la cama, hay un gran mapa de Argentina.
Estela, decepcionada, dice:
–Está claro que se ha ido. Pero, ¿cuándo? ¿y adónde?
Estela entonces vuelve a mirar el ticket de la compra y mira la hora: las nueve y media de la noche del domingo. La compra fue en una gasolinera. Estela reflexiona, entonces saca su agenda electrónica y se conecta a internet:
–¿Qué ocurre, Estela?
–Tengo que *comprobar* una cosa –contesta ella.

Übung 62: Lesen Sie weiter und setzen Sie die Übersetzung der Wörter in Klammern ein!
(Handy, Morgen, Nacht, Ankunft, Flughafen, guten, Ihnen helfen, Zielort, Moment)

ÜBUNG 62

Estela entra en la página web del (1.) a__________ de Barajas, va a "Información Práctica" y comienza a consultar las "salidas" desde las diez de la (2.) n__________ hasta las diez de la mañana. Unos minutos después saca su (3.) m__________ y llama al aeropuerto. Enseguida le contesta la voz de una chica joven:
–Información del Aeropuerto de Madrid-Barajas,
(4.) b__________ noches. ¿En qué puedo (5.) a__________?
–Hola, buenas noches, le llamo del CNI. Necesito la información de un vuelo del lunes, estamos buscando a un *sospechoso*.

–¿De qué vuelo se trata?

–Es el vuelo IB 7524, de ayer lunes a las 7 de la mañana con (6.) d__________ a Buenos Aires.

–Espere un (7.) m__________ … Sí, aquí lo tengo.

–El pasajero que busco se llama Marcelo García Durvín.

–García… Sí, aquí está, el vuelo de ayer lunes, con salida de Madrid a las siete de la (8.) m__________ y (9.) ll__________ a Buenos Aires a las cuatro de la tarde hora local.

–Espere un momento, ¿puede repetir? –pregunta Estela, y hace una señal a Luis para que venga.
–Sí, como le digo, salida a las siete de la mañana y aterrizaje en Buenos Aires a las cuatro de la tarde.
–*Apunta* los datos –dice, y le da la agenda.
Luis toma la agenda electrónica, pero no sabe cómo *manejarla*.
–Oye, Estela, yo este *chisme* no lo entiendo…
–Espera, ¡toma! –le dice Estela, enfadada, al tiempo que le da un bolígrafo.
–No tengo *papel*…
–Escribe en la mano entonces.
Luis escribe en la *palma* de su mano el número de vuelo y el horario de salida y llegada.
–¿Algo más? –le pregunta la chica de información a Estela.
Estela reflexiona. Tiene una intuición, si fuera cierta… Decide preguntar:
–Sí, quisiera saber si había alguien sentado al lado del pasajero Marcelo García.
–Espere un momento… aquí lo tengo. Sí usted tiene razón. Había

alguien en el asiento de al lado.
–¿Me puede decir su nombre?
–Por supuesto, su nombre es Leonardo Fernández Diéguez.
Estela se *muerde el labio*. Por un momento, pensó que sería otra persona…
–¿De qué nacionalidad era este pasajero? –pregunta Estela finalmente.
–Argentina.
–Muchas gracias.
–A usted. Buenas noches.

Übung 63: Welche Sätze sind grammatikalisch richtig? Markieren Sie: richtig ✔ oder falsch – !

ÜBUNG 63 !

1. Esperad uno momento, ¿de acuerdo? ☐
2. El vecino es mucho desconfiado. ☐
3. Del aeropuerto de Barajas salen muchos vuelos cada día. ☐
4. Los aviones hacen mucho ruido. ☐
5. En mi facultad hay mucha gente muy simpática. ☐
6. Me gusta mucha esta comida. ☐
7. La sopa está muy caliente. ☐
8. Muchas gente no son como parecen. ☐
9. Algunas días sale todo mal. ☐
10. Has tenido mucho suerte. ☐

–¿Y qué hacemos ahora, Estela? No vamos a ir a Buenos Aires, ¿no? No tenemos ninguna prueba contra Marcelo. Es cierto que se fue allí justo el día después del robo de los virus, pero quizás fuera una *coincidencia*, quizás había hecho la *reserva* del billete hace tiempo y, simplemente, es un tipo desordenado…

–Sí, es posible, pero… quiero *asegurarme* de algo –responde Estela y vuelve a sacar su móvil.

Übung 64: Übersetzen Sie und enträtseln Sie das Lösungswort!

1. Flughafen _ _ _ _ □ _ _ _ _ _
2. Sitzplatz □ _ _ _ _ _ _
3. Abflug □ _ _ _ _ _
4. Flugzeug □ _ _ _ _
5. Landung _ _ _ _ _ _ _ _ □ _
6. Ankunft _ _ □ _ _ _ _
7. Buchung □ _ _ _ _ _ _
8. Flug _ _ _ _ □

Lösung: _ _ _ _ _ _ _ _

Estela marca en su móvil el número de Ignacio Ruiz del Valle. Enseguida responde éste:

–Hola, Estela.

–Hola, Ignacio, veo que no estabas dormido.

–Ya sabes que cuando hay un caso *pendiente* casi no duermo. ¿Qué ocurre? ¿Hablasteis con Marcelo García?

–No fue posible, ya que se marchó a Buenos Aires.

–¿De verdad? Qué *coincidencia*…

–Sí que lo es. Oye, Ignacio, necesito que contactes con la Embajada Argentina…

–¿A estas horas? Va a ser difícil. ¿Qué necesitas?

–Quiero información sobre un tal Leonardo Fernández Diéguez, que viajaba en el asiento junto al de Marcelo García.

–Mmmm… Lo siento, pero creo que no podré decirte nada hasta

mañana –dice Ignacio con voz aún dormida.
–¿Seguro? ¿No hay otra posibilidad?
–Espera. Tengo un colega en Argentina. Le llamaré ahora. Allí aún es por la tarde. ¿Cómo has dicho que se llamaba el pasajero?
–Leonardo Fernández Diéguez. Quiero saber quién es, y si tiene alguna relación con Marcelo o fue casualidad que estuviera sentado a su lado.
–De acuerdo. Te llamo en cuanto pueda. De momento podéis volver a la Central.

Übung 65: Setzen Sie ***querer, poder, tener que, deber*** *in der richtigen Präsensform ein!*

1. Estela no ____________ hablar con Marcelo, porque no sabe dónde está.
2. Estela ____________ saber quién es Leonardo Fernández.
3. Ignacio no ____________ llamar a la Embajada porque es muy tarde.
4. Pero Ignacio sí ____________ llamar a un colega argentino.
5. Tú ____________ levantarte más temprano.
6. Tú no ____________ llegar tarde al trabajo.
7. Como científico yo ____________ solucionar este probl
8. Tú no ____________ hablar así a tu padre.
9. Por favor, ¿____________ decirme qué hora es?

De camino a la Central, Luis no para de hacer preguntas a Estela, ya que está sorprendido por el *rumbo* que está tomando el caso.

–Estoy perdido. Entonces, ¿quién es para ti el principal *sospechoso*? ¿Ese tal Marcelo?

–No lo sé aún, pero me gustaría poder hablar con él.

–Desde luego es raro que desapareciera el mismo día que el robo, como Lu Fong. No sé qué pensar. ¿Quizás Marcelo trabaja para los *servicios secretos* chinos, o Lu Fong para los *servicios secretos* argentinos?

–Esto último lo veo poco probable. De hecho, me extraña muchísimo que Marcelo *regresara* a Argentina.

! ÜBUNG 66

Übung 66: Lesen Sie weiter und übersetzen Sie die Wörter in Klammern!

–¿Por qué? Es su (1. Land) p______________, ¿no?

–Sí, pero tiene causas *pendientes*. Marcelo García era sargento durante la dictadura militar y está acusado de *torturas* y (2. Verbrechen) c______________ contra la humanidad. De hecho, llegó a España para evitar *ser llamado a declarar*. Últimamente se están abriendo procesos (3. gegen) c______________ militares *implicados* en los *asesinatos* (4. während) d______________ la dictadura y hay un gran movimiento social a favor de que paguen por lo que hicieron.

–Pues (5. dann) e______________, no entiendo por qué tenía tanta Eile) p______________ por *regresar* a Argentina.

–Yo (7. auch nicht) t________________ lo entiendo –dice Estela–. Tengo una (8. Vermutung) s________________________ pero no estoy aún (9. sicher) s__________________.

–¿Cuál? ¡Dímela!
–Espera. Antes quiero saber quién era el acompañante de Marcelo en el avión.
–Está bien. Tú y tus secretos –dice Luis, y calla, algo irritado por la actitud de Estela.

Poco después llegan a la Central. Cuando llegan al despacho de Ignacio, éste les saluda muy excitado:
–Quizás estemos sobre la buena *pista*. He hablado con el comisario Agostini, de la policía secreta de Buenos Aires. Ha buscado en su base de datos y no existe ningún "Leonardo Fernández Diéguez"…
–¿No? ¿No hay nadie que se llame así en Argentina?
–No. Al menos… nadie con vida –responde Ignacio.
–¿Qué quiere decir, jefe? –pregunta entonces Luis.
Ignacio toma un vaso de agua antes de responder:
–Según me ha dicho mi amigo Agostini, el único ciudadano argentino con ese nombre apareció muerto en la Terminal de Ómnibus de Retiro, en Buenos Aires, hace un mes y medio.
–¿Qué quiere decir esto? –pregunta Luis con ironía–. ¿Marcelo viajaba con un fantasma?
–Quiere decir, a mi entender, que otra persona viajó con su pasaporte.
Estela escucha muy *tensa* las *revelaciones* de su jefe, e interrumpe:
–¿Podría su colega argentino enviarnos una fotografía de Leonardo?
–¿Pero qué piensa de mí, agente Bonavente? Ya la tengo. Espere un

momento… –Ignacio abre una carpeta y pulsa sobre un documento jpg. Aparece la fotografía de un chico joven, con pelo negro y corto, de baja estatura…

Estela lo mira atentamente:

–Voy a hacer una prueba. ¿Me permite?

–Sí, claro –acepta Ignacio.

Estela se sienta al ordenador, abre el programa "Paint" y dibuja unas gafas negras, que coloca seguidamente sobre el rostro del *difunto* Leonardo Fernández.

–¿Os recuerda a alguien? –pregunta Estela.

–Pues la verdad es que no –dice Luis–. No conozco a nadie en Argentina.

Estela, entonces, algo nerviosa, abre su bolso y extrae una foto de Lu Fong, a la que le *tapa* los ojos, y que luego enseña a Ignacio y Luis.

–¡Vaya! –dice Luis–. Así, con los ojos *tapados*, se parecen bastante.

Ignacio mira fijamente a Estela:

–¿Qué piensa, agente Bonavente? ¿Cree que Leonardo y Lu Fong son la misma persona?

–No lo sé… Pero es mucha *coincidencia*, ¿no? Entre el domingo por la noche y el lunes por la mañana desaparecieron Marcelo y Lu Fong. Marcelo viajó a Argentina, y a su lado estaba sentado un chico que se parecía mucho, salvo los ojos, a Lu Fong. ¿No es curioso?

–Sí –dice Luis–. Pero, ¿cómo explicas entonces lo de los ojos?

! ÜBUNG 67

Übung 67: Ordnen Sie den Gegenständen die passende Definition zu!

1. ☐ el bolso — a) pequeño recipiente de vidrio o plástico para líquidos

2. ☐ el monedero b) vasija alargada para contener líquidos
3. ☐ la carpeta c) se lleva a la espalda y contiene, por ejemplo, libros
4. ☐ la mochila d) objeto pequeño, en cuyo interior se lleva dinero
5. ☐ el vaso e) pequeño recipiente con asa para líquidos
6. ☐ la taza f) de cartón, sirve para guardar documentos
7. ☐ la botella g) hecho de cuero o tela, lo usan especialmente las mujeres para llevar dinero, objetos personales, etc.

–Eso es lo que no sé –reconoce Estela–, y por eso estoy algo confusa…
–No se preocupe, agente Bonavente –interviene Ignacio–. Su *pista* es muy interesante. Es muy extraño que Marcelo marchara a Argentina, y creo que deberíamos localizarlo…
–¿Se conoce su domicilio allí? –pregunta Luis.

Übung 68: Lesen Sie weiter und unterstreichen Sie im nächsten Abschnitt die spanische Entsprechung der Wörter in Klammern!
(1. Polizei, 2. angemessen, 3. Flugtickets, 4. überrascht, 5. kleiner Koffer, 6. früh, 7. aufstehen, 8. schlecht gelaunt)

ÜBUNG 68 !

–No –responde Ignacio–, pero la policía argentina ya lo está buscando. He pensado que sería conveniente que ustedes fueran allí. Ya les he comprado los billetes de avión.
–¿Cómo? –pregunta Luis muy sorprendido, que no esperaba tener que viajar tan lejos.
–Sí, he pagado ya los billetes de ida para usted y Estela. Tomarán el avión de las siete de la mañana a Buenos Aires. La señorita Pilar

les estará esperando en la Terminal 1 a las cinco de la mañana y les entregará un maletín con los documentos que necesitarán y otras cosas.

–¡Pobre Pili, qué *madrugón* tendrá que darse mañana! –se *compadece* Estela.

–Pero… ¿tan temprano? –pregunta Luis.

–¡No hay tiempo que perder! *–concluye* terminante Ignacio–. Y ahora, agentes, son… las dos y media de la madrugada. Yo les aconsejaría ir a dormir un poco antes del viaje.

–No sé si vale la pena dormir si hay que levantarse tan temprano –comenta *malhumorado* Luis.

–Puede dormir en el avión. Además, –añade Ignacio–, si no quiere encargarse del caso puedo cambiar el billete y ponerlo a nombre del agente Ramón Núñez.

La mención del agente Núñez hace un efecto inmediato en Luis:

–No, eso no. Desde luego me hago cargo de la misión, y le agradezco la confianza, jefe. Además, nunca he estado en Buenos Aires.

–No se preocupe. Mi amigo Agostini les irá a recibir en el aeropuerto y les guiará en la ciudad.

–Pues gracias… por comprarnos los billetes –dice Luis.

–De nada. Buen viaje.

–Muchas gracias, Ignacio –dice Estela.

ÜBUNG 69 !

Übung 69: Welches Verb passt zu welchem Substantiv? Ordnen Sie zu!

1. ☐ un billete	a) hacer
2. ☐ una carpeta	b) tomar

3. ☐ el equipaje — c) reservar
4. ☐ la pista — d) cometer
5. ☐ un café — e) seguir
6. ☐ una pregunta — f) abrir
7. ☐ un crimen — g) perder
8. ☐ el tiempo — h) tener

Capítulo 7: La llegada a Buenos Aires. Una calma engañosa

A las cinco de la mañana llega Luis al aeropuerto de Barajas. Prácticamente no ha dormido, y se siente como un *sonámbulo*. En el aeropuerto hay aún poca actividad. Algunas personas duermen con la cabeza apoyada en sus mochilas. Luis mira las *pantallas* donde está indicado "Salidas". *Entrecierra* los ojos, ya que la *pantalla* está algo lejos, pero al fin encuentra el vuelo de Iberia a Buenos Aires, *mostradores* 170 a 176. Tendrá que caminar un rato. Luis se pregunta por qué hay que caminar tanto en el aeropuerto de Barajas, "¿No podrían haber fijado un plano más racional?", piensa. Sin *duda* el cansancio le hace *percibir* como más largos los pasillos.
Al fin *divisa* la fila de *mostradores* con los números a partir del 170. Pero esa mujer con el pelo recogido en un *moño*, con un maletín… Sí, claro, es Pilar Jiménez.

Übung 70: Lesen Sie weiter und setzen Sie die Verben in die richtige Form! Achten Sie auf die unregelmäßigen Verben!

ÜBUNG 70 !

–Buenos días, Pili –saluda Luis, dándole dos besos en la mejilla a la secretaria del CNI.

–¡Hola, Luis! No te había visto venir. Oye, qué mala cara (1. tener) ______________. ¿No (2. dormir) ______________ nada?

–No mucho, la verdad.

–Pues (3. venir) ______________, te (4. invitar) ______________ a un café. Si no, te vas a dormir antes de subir al avión y lo vas a perder –bromea Pilar–. Me parece que aquí cerca he visto una cafetería que ya está abierta.

–¿Y Estela? ¿No ha venido aún? –pregunta Luis.

–No. Pero yo (5. poder) ______________ enviarle un mensaje y decirle dónde estamos.

–¿Por qué no la (6. llamar) ______________? –pregunta Luis.

–No, puede estar en el coche, (7. preferir) ______________ escribirle, no (8. querer) ______________ que se distraiga.

–(9. Pensar) ______________ en todo, Pili –dice Luis.

Luis y Pili llegan a una cafetería aún vacía, donde un solitario camarero mira al televisor, donde ya hay noticias, mientras espera a los primeros clientes. En cuanto ve a Luis y Estela, se acerca:
–Buenos días, ¿qué les pongo?
–A mí un *cortado* –dice Pili–. ¿Tú qué quieres, Luis?
–A mí me pone un café con leche –pide Luis.
–Enseguida.
–Así que os vais a Buenos Aires, ¿no? –pregunta Pili a Luis.
–Pues sí. Parece que el *sospechoso* está allí.
–Tú y Estela solos… –comenta Pili, y guiña un ojo.

–Sí… bueno, ha sido decisión de Ignacio.
–Sí, pero no dirás que no te alegras, ¿no?
–Bueno, Estela es una buena compañera…
–Que a ti te gusta mucho –completa Pilar, y hace que Luis casi se *atragante* con el café.
–¿Te ha dicho ella algo? –pregunta algo preocupado.
–No, pero eso se ve, hijo.
–Ah… de todos modos ella me *ignora* totalmente.
–No te preocupes, hijo. Estela es una chica muy concentrada en su trabajo, pero eso no quiere decir que le moleste tu interés. Yo creo que al contrario… sólo falta que alguna vez coincidáis en un punto, en algún momento, que salte la *chispa* y…
–¿Y qué? –pregunta Luis, *intrigado*.
Pilar señala con la *barbilla* hacia delante. Estela acaba de entrar en el bar y se dirige a ellos:
–Pero, ¿qué pasa? Ya estabáis criticándome porque he llegado tarde, ¿no?
–Qué va, hija, cómo te vamos a criticar –dice Pili mientras la abraza.
–Como si no lo hubiera visto, los dos hablando tan interesados y cuando llego yo os calláis de repente.

Übung 71: Welches Wort ist das „schwarze Schaf"? Unterstreichen Sie das nicht in die Reihe passende Wort!

ÜBUNG 71

1. ojo, oreja, nariz, brazo, boca
2. avión, barco, aeropuerto, coche, tren
3. sonreír, saludar, besar, abrazar, atragantarse
4. billete, desayuno, equipaje, mostrador, terminal
5. averiguar, preguntar, encontrar, descubrir, localizar

6. monedero, bolso, paquete, mochila, cartera
7. café, bar, local, habitación, bodega

–¡Que no, Estela! ¿Cómo te voy a criticar, con lo que yo te quiero? –pregunta Pili.
–¡Y yo! –añade Luis.
–¿Y qué nos traes en ese maletín, Pili? –pregunta Estela, haciendo como que no ha oído a Luis.
–Ah, sí, el maletín. Pues aquí tenéis un *ordenador portátil* con conexión a internet y con el programa interno del CNI, con los *ficheros* de personas con *antecedentes* que ya conocéis. También hay otros aparatos, pero no sé qué son. Ignacio me dijo que Estela sabía lo que era.
–Estela es un as para la técnica –comenta Luis.
–¿Has ido ya al *mostrador*? –pregunta Estela.
–No, te estaba esperando.
Pilar Jiménez se despide de nuevo de sus compañeros y amigos con un abrazo.
–¡Buen viaje! –dice, y, dirigiéndose a Luis–. ¡*Cuídamela* bien, que vale mucho esta chica!

! ÜBUNG 72

Übung 72: Welche Gegenteile gehören zusammen? Ordnen Sie zu!

1. ☐ saludar	a) dormido
2. ☐ pronto	b) desagradable
3. ☐ despierto	c) criticar
4. ☐ amigo	d) despedir
5. ☐ agradable	e) tarde
6. ☐ elogiar	f) odiar
7. ☐ querer	g) enemigo

Estela y Luis llegan al control de pasajeros, donde tienen que dejar sus chaquetas, carteras y móviles, y ponerlos en una bandeja. Cuando Luis pasa por el *detector de metales*, éste da un *pitido*.
–Venga aquí un momento –le ordena un guardia *con cara de pocos amigos*.
Luis *acude dócilmente* y el guardia le pasa un *detector de metales*:
–Oiga, pero, ¡no se ha quitado usted el cinturón!
–Vaya, tiene razón, disculpe –dice Luis, que se quita el cinturón y pasa luego por el *detector de metales*, que ya no pita.
Al otro lado del control, Estela se está riendo:
–Parece que sigues dormido, ¿no?
–Sí… –responde Luis, algo *avergonzado*.

Ya en el avión, Luis, nada más sentarse, se duerme profundamente. Por el pasillo del avión pasa una *azafata*, ofreciendo periódicos:
–Prensa española, argentina…
Estela no tiene ganas de dormir. Quiere aprovechar el tiempo para informarse.
–¿Me puede dar 'El País', 'Público', 'El Mundo' y 'La Nación'? –pregunta a la azafata.
La *azafata* le da estos periódicos a Estela y dice con una sonrisa algo irónica:
–¿Alguno más?
–¿Cuál es ese otro periódico argentino que tiene?
–'Página 12', ¿lo quiere también?
–Sí, por favor.
Ya con una montaña de periódicos, Estela empieza a leer los diarios, mientras a su lado Luis sigue durmiendo profundamente.
Luego una *azafata* empieza a explicar las instrucciones de seguridad y el avión comienza a recorrer la *pista,* preparándose para *despegar*.

ÜBUNG 73 !

Übung 73: Formen Sie die Sätze in die erste Person Singular bzw. Plural um!

1. Tú lees el periódico cada mañana.

Yo ....

2. Vosotros sabéis siempre lo que pasa en el mundo.

Nosotros ....

3. No duermes bien en esta cama.

....

4. Vosotros empezáis mañana la universidad.

....

5. Tienes que quitarte el cinturón.

....

6. Siempre consigues lo que quieres.

....

7. Ofreces todo tipo de periódicos.

....

Trece horas y media después, el avión *aterri*za sobre la *pista* del Aeropuerto Internacional Ministro Pistarini de Buenos Aires. Al contrario que en Madrid, en Buenos Aires es primavera y hay una agradable temperatura de 24 grados. Estela está ya impaciente por salir del avión, le parecen demasiadas horas sentada. En cambio Luis sigue durmiendo.

Estela le empieza a tocar en el hombro.

–Luis, ¡despierta!, hemos llegado ya.

Luis abre los ojos y se *despereza* con un gran *bostezo*.

–Ah, qué bien me ha venido esta pequeña siesta.

–¿Pequeña siesta? ¡Has dormido casi catorce horas! –le reprocha Estela.

–¿En serio? –pregunta Luis, *incrédulo*–. ¡Vaya, no lo diría! De todos modos estos últimos días había dormido muy poco.

–Pues creo que ahora has acumulado sueño para toda la semana –bromea Estela.

–Bueno, vamos allá –se levanta Luis, que parece haber recuperado su energía tras las largas horas de sueño.

–No olvides el maletín –le recuerda Estela–. Está arriba –dice señalándole el *compartimento* superior donde se guardan los equipajes de mano.

–¿Cómo se me va a olvidar eso, princesa? –pregunta Luis con seguridad.

–No sería la primera vez… –comenta Estela con ironía.

A la salida, un hombre alto, con el pelo muy negro peinado hacia atrás y un elegante traje, se adelanta a saludarles:

–¡Bienvenidos a la Argentina! ¿Cómo fue el viaje? Mi nombre es Jorge Agostini, supongo que Ignacio les habló de mí.

–Sí. Encantada. Yo soy Estela Bonavente.

Luis se ha quedado distraído contemplando el enorme hall del aeropuerto y Jorge le tiene que *llamar la atención*:

–Y *vos*…

–Ah, perdone. Soy Luis Toledo.

–Encantado –dice Jorge Agostini, alargándole la mano–. Tengo el coche aparcado afuera, les llevo a la ciudad.

–¿Está muy lejos del aeropuerto? –pregunta Estela.

–Unos 35 kilómetros. Estamos en la ciudad de Ezeiza, por eso a este aeropuerto se llama igualmente de Ezeiza o Ministro Pistarini.

ÜBUNG 74

Übung 74: Lesen Sie weiter und setzen Sie die angegebenen Verben der Vergangenheit ein!
(aprobó, abrió, fue, construyó, fue, estuvo, inauguró)

–¿Quién (1.) ______________ ese ministro? –pregunta de nuevo Estela, que tiene mucha curiosidad por aprender cosas sobre Argentina, pues nunca (2.) ______________ en este país.

–Juan Pistarini (3.) ______________ el ministro que impulsó las obras del aeropuerto.

–¿Cuándo se (4.) ______________?

–Pues se (5.) ______________ el proyecto en el año 1935 y se (6.) ______________ en 1949, ya en la *presidencia* de Perón. Cuando se (7.) ______________ era el aeropuerto más grande del mundo…

–¿De verdad? –pregunta Estela asombrada.
–Sí, bueno, pero ahora hay muchos aeropuertos más grandes: Chicago, Atlanta, Heathrow… De todas formas este aeropuerto es, con diferencia, el más grande de Argentina.
–¿Es el único de Buenos Aires?

ÜBUNG 75

Übung 75: Lesen Sie weiter und füllen Sie die Lücken mit den folgenden Adverbien aus!
(también, lejos, cerca, no, antes, casi, después)

(1.) ______________, está (2.) ______________ el Jorge Newbery, ese no está tan (3.) ______________, está (4.) ______________ de la ciudad pero es sobre todo para vuelos nacionales, ya sabéis lo grande que es este país. Si se quiere ir a Patagonia es imposible, hay que ir con el avión.

–¿Qué *extensión* tiene Argentina?

–Pues (5.) ____________ tres millones de kilómetros cuadrados, seis veces más que España…

–¿Y quién era ese Jorge Newbery? ¿Otro ministro que decidió la construcción de ese aeropuerto? –pregunta Estela.

–No, no. Newbery fue uno de los pioneros de la aeronáutica, a principios del siglo XX. Cruzó en *globo* (6.) ____________ que nadie el Río de la Plata, *aterrizando* en Uruguay. Batió el récord de altura en *globo*, pero (7.) ____________ cambió el *globo* por la *avioneta*. Fue también el primero en cruzar el Río de la Plata en *avioneta* y batió con ésta el récord de altura.

Dos años después murió mientras *pilotaba* su *avioneta*. Newbery se estaba preparando para atravesar la *cordillera* de los Andes, algo que nadie nunca había hecho, cuando su *avioneta* se *estrelló* y murió. Newbery es un héroe nacional y por eso pusieron su nombre al aeropuerto.

–Vaya *interrogatorio* al que estás *sometiendo* a nuestro *anfitrión*, Estela –bromea Luis.

–Yo contesto con mucho gusto –dice Jorge, y luego sigue–, me encanta ver que una chica española tenga tanto interés por nuestro país –añade, y sonríe a Estela.

–Yo soy muy curiosa –dice Estela–. Me leí los diarios argentinos de principio a fin durante el viaje, mientras Luis dormía.

–¿Dormiste durante todo el viaje? –pregunta Jorge a Luis, sorprendido.

–Bueno, todo el viaje no –protesta Luis.

–¡Pero casi todo! –exclama Estela.

–Vaya, sí que sos *lirón*, *vos* –comenta Jorge, y ríe. Estela suelta una *carcajada*, mientras Luis pone *cara de pocos amigos*.

ÜBUNG 76 !

Übung 76: Welche Aussagen sind richtig?
Markieren Sie mit richtig ✔ oder falsch – !

1. El Aeropuerto Ministro Pistarini es el más grande del mundo. ☐
2. Juan Domingo Perón fue presidente de Argentina. ☐
3. Jorge Newbery fue un ministro que impulsó un aeropuerto. ☐
4. Jorge Newbery fue un aviador argentino. ☐
5. Ezeiza es una ciudad a las afueras de Buenos Aires. ☐
6. 'Página 12' es un periódico argentino. ☐
7. Newbery fue el primer aviador que cruzó los Andes. ☐

Mientras hablan, han llegado a la puerta de salida del edificio del aeropuerto.

–¡*Che*, ya llegaron! –exclama un hombre con bigote gris, que esperaba leyendo un periódico.

–Sí, ya estamos aquí, Alberto –dice Jorge–. Te presento a los agentes Estela Bonavente y Luis Toledo. Agentes, él es Alberto Giacomi, trabaja con nosotros y además es el mejor chófer de Buenos Aires. Él guía el auto.

–Gracias por el *elogio*, jefe –dice Alberto sonriendo–. ¿Y ustedes

qué son, gallegos, no?
–Bueno, no exactamente –dice Estela–. Yo vivo en Madrid, pero nací en un pueblo de Cuenca, Carrascosa del Campo, no sé si lo conoce, es un pueblo muy bonito.
Alberto mira muy sorprendido a Estela:
–No tengo el gusto…
–Le recomiendo que lo visite –dice Estela.
–Aquí en Argentina a todos los españoles nos llaman 'gallegos' –interviene Luis–. ¿No lo sabías, Estela?
–¡Claro que lo sabía! –ríe Estela–. Estaba *gastando una broma* al señor Giacomi.
–¡Muy buena! –acepta Alberto–. Venga, suban al coche.

Übung 77: Welches Verb passt zum Substantiv? Ordnen Sie zu!

! ÜBUNG 77

1. ☐ una broma	a) tomar
2. ☐ el desayuno	b) leer
3. ☐ un coche	c) gobernar
4. ☐ un río	d) facturar
5. ☐ el equipaje	e) conducir
6. ☐ un periódico	f) gastar
7. ☐ un país	g) pilotar
8. ☐ una avioneta	h) cruzar

Alberto conduce el coche hacia la Autopista Teniente General Pablo Riccheri. Enseguida llega al control de *peaje*. Alberto busca en sus bolsillos:
–*Che*, ¿*vos tenés* cambio? –pregunta a Jorge.
–Sí, ¿cuánto es?
–Diez pesos, por favor.

Alberto deja las monedas en una especie de tubo que hay a la entrada del control de *peaje*, y la barrera sube dejándoles paso.

! ÜBUNG 78

Übung 78: Wählen Sie die richtige Präposition aus!

1. El coche se dirige ____________ Buenos Aires.

   a) hacia b) hasta

2. Luis durmió ____________ todo el viaje.

   a) hasta b) durante

3. Alberto esperaba ____________ la puerta.

   a) junto a b) en

4. Ella votó ____________ la candidata.

   a) a b) para

5. Hicieron una organización ____________ defender sus intereses.

   a) por b) para

6. Voy a comprar un regalo ____________ mi hermana.

   a) para b) por

Luis, que está algo enfadado por el interés que Estela muestra en hablar con Jorge, interviene de repente:
–¿Y tienen ya noticias sobre el *paradero* de Marcelo García?
–Aún no hemos dado con él –contesta Jorge–, aunque suponemos que está con sus amigos.
–¿Tiene muchos amigos en Argentina? –pregunta Luis a Jorge–, ¿Quizás por eso volvió?

–Más bien tiene compañeros de ideas, *correligionarios*, o *compinches*, diría yo –responde Jorge.
–¿*A* qué *se refiere*? –pregunta Estela.
–Como les habrá informado mi amigo Ignacio Ruiz, Marcelo García pertenecía al ejército durante la dictadura militar en Argentina. Se *sospecha* que estuvo *implicado* en las *torturas* de los *Centros Clandestinos de Detención*. Como sabrás se han empezado a abrir procesos a los criminales de la dictadura, y varios ya han sido condenados. Desde hace poco, los antiguos militares acusados de *asesinatos* están organizándose.
–¿Ah, sí? ¿Cómo es eso? –pregunta Luis.
–Desde hace unos meses tenemos noticias de un grupo semi-político, semi-paramilitar, que se hace llamar "Los Guerreros del Honor", y que está dirigido por alguien cuya identidad no conocemos, pero *al* que *se refieren* como "El Tigre".
–¿Y a qué se dedica este grupo? –pregunta Estela.

Übung 79: Lesen Sie weiter und übersetzen Sie die Wörter in Klammern!

ÜBUNG 79 !

–El (1. Gruppe) g__________ está formado principalmente por antiguos militares *implicados* en la "guerra sucia" durante la (2. Diktatur) d__________ y tienen que, según ellos, "defender el honor de los caballeros del (3. Armee) e__________". Es decir, se niegan a que se investiguen los crímenes de la dictadura, y quieren restablecer esa (4. Epoche) é__________.
–¿Hay mucha (5. Leute) g__________ que los apoye? –pregunta

Estela con una voz que demuestra su gran interés.

–¡En absoluto! –exclama Jorge–. Hoy en día Argentina es una (6. Demokratie) d________________ consolidada y la gente considera la fase de la dictadura como una de las más negativas en la (7. Geschichte) h________________ del país. Pero, ya que no tienen apoyo entre la (8. Bevölkerung) p________________, este grupo recurre a la violencia.

–¿Cómo?
–En Buenos Aires los *vigilamos* de cerca, pero suelen reunirse en *fincas apartadas* en la Pampa, practican ejercicios de tiro con armas de fuego y hacen *desfiles* militares que luego *cuelgan* en ciertas páginas de internet.
–Por lo que dices, parecen bastante inofensivos. "*Perro ladrador, poco mordedor*", como dice el *refrán* –comenta Luis.
–No sabemos hasta qué punto son peligrosos –dice Jorge.
–¿Por qué? –pregunta Luis.
–Actúan con mucho cuidado, pero tenemos pruebas de que han *mandado amenazas* a varios jueces y activistas que se expresan a favor de los procesos contra los militares de la dictadura. Incluso se les *atribuyen* varios *asesinatos* que no han podido ser aclarados.
–El de Leonardo Fernández, por ejemplo… –comenta Estela.
–En efecto. Leonardo era un estudiante de la Facultad de Historia, *comprometido* en política estudiantil, que había organizado varias manifestaciones y escrito algunos artículos en "Página 12" señalando con nombre y apellidos a militares que participaron en las *torturas* de los *Centros Clandestinos de Detención*. Apareció muerto una mañana en la Terminal de Retiro, con el cuello roto y señales de gol-

pes en varias partes del cuerpo. No se conocen testigos ni hay indicios para acusarlos, pero se piensa que fueron los "Guerreros".
–¿Hubo algún caso más?
–Varios nada claros. También *amenazan* a las "Madres de la Plaza de Mayo". ¿Sabéis *a* quiénes *me refiero*?
–Claro, la asociación de las madres de los miles de desaparecidos durante la dictadura, muy activa a favor de la justicia contra quienes asesinaron a sus hijos –contesta Estela.
–Sí. Se calcula que hubo 30.000 desaparecidos. En una página de internet de los "Guerreros" se niega este genocidio y se da como cifra unos 300 desaparecidos. A una de estas madres que llevó una *pancarta* contra los "Guerreros" le dieron una *paliza* en la puerta de su casa, pero la mujer dio gritos que *llamaron la atención* y sus agresores desaparecieron.
–Parece que es una organización muy misteriosa y *hábil*, si hasta ahora no se han dejado *atrapar* –comenta Estela.
–Sí, y lo peor es que no sabemos hasta dónde pueden llegar. Sabemos que tienen contactos poderosos, y se *sospecha* que *almacenan* armas, pero sin ninguna prueba no podemos *registrar* las viviendas de los *sospechosos*.
–Es lógico –interviene Luis–. Pero, ¿cuál es el *papel* de Marcelo en todo esto?
–*Sospecho* que Marcelo tenía contactos con la organización dirigida por "El Tigre" y que ha vuelto junto a ellos. Pero nos enteramos demasiado tarde del *regreso* de Marcelo a la Argentina y no sabemos dónde puede estar ahora.

Übung 80: Was gehört zusammen? Bilden Sie sinnvolle Paare!

1. ☐ madre a) avión

2. ☐ manifestación b) represión
3. ☐ arma c) pancarta
4. ☐ víctima d) tiro
5. ☐ proceso e) facultad
6. ☐ miembro f) elecciones
7. ☐ dinero g) juzgado
8. ☐ billete h) monedero
9. ☐ estudiante i) hijo
10. ☐ voto j) asociación

–Bueno, amigos –interrumpe Alberto–. Ya estamos en Buenos Aires. Ahora entramos en la Avenida de Mayo.
–La famosa Avenida de Mayo… –dice Estela.
–Sí, miren, ahí atrás está la Plaza del Congreso.
–Me recuerda un poco la Gran Vía de Madrid, aunque mucho más grande –dice Luis.
–¡Pero cómo *decís*, *che*! ¡Cómo vas a comparar! –protesta Alberto.
–Tiene razón el agente Toledo –dice Jorge–. En realidad los arquitectos se inspiraron en los bulevares parisinos, pero en aquella época había muchísimos españoles en Buenos Aires, que fundaron cafés y *ateneos* al estilo de los que había en Madrid.
–¿Dónde termina esta calle? –pregunta Estela.
–Precisamente en la Plaza de Mayo.
–¿Por qué es tan famosa esa plaza? –pregunta de nuevo Estela–. He oído hablar de ella, pero no recuerdo…
–La Plaza de Mayo está en el lugar donde se fundó Buenos Aires en el siglo XVI.
–¿Y por qué hay tanta Avenida de Mayo, Plaza de Mayo? –pregunta Luis.
Estela sonríe, ya que ella sí sabe la respuesta.
–¡Porque el 25 de mayo celebramos la revolución contra la *domi-*

nación de ustedes, amigos! –exclama Alberto, y empieza a reír.
–Ah, ya, cómo no lo habré pensado… –comenta Luis.
–Por desgracia no pasamos por la Plaza de Mayo y no sé si tendrán tiempo de verla –dice Jorge–. Allí está la Casa Rosada, que es la casa del presidente, y hay algunas fuentes muy hermosas.
–¿Y qué tienen que ver las madres de los desaparecidos con esta plaza? –pregunta Luis.
–Era el lugar donde se concentraban para protestar por la desaparición de sus hijos –contesta Estela.
–Es una plaza muy bella –comenta Alberto–. Pero ahora tengo que girar a la izquierda y entramos en la Avenida 9 de Julio.
–¡Vaya! –exclama asombrado Luis–. Esto sí que es una avenida.
El coche entra en uno de los dieciséis *carriles* de la avenida, que termina en el gran Obelisco de Buenos Aires.
–La Avenida tiene 140 metros de anchura y es la más ancha del mundo –comenta *orgulloso* Alberto.
–Alberto es un *porteño de pura cepa*, muy *orgulloso* de su ciudad –comenta Jorge–. Para él ninguna ciudad se puede comparar con Buenos Aires y ningún país con la Argentina.
–¿De verdad? No me había dado cuenta… –comenta Luis con ironía.

Übung 81: Welche Substantive entsprechen folgenden Adjektiven und Verben?

! ÜBUNG 81

1. ancho	anchura	5. celebrar	________
2. alto	________	6. comparar	________
3. irónico	________	7. bella	________
4. sorprendido	________	8. reunir	________

9. orgulloso ____________ 10. desaparecido ____________

–Por cierto, ¿qué pasó el 9 de Julio? –pregunta tímidamente Luis.
–¡Pues la Independencia de España, amigo! –dice Alberto.
–¿No era el 25 de mayo?
–El 25 de mayo de 1810 se creó la primera Junta de Gobierno y el 9 de julio de 1816 se declaró definitivamente la Independencia.
–Ah, gracias por la información –dice Luis–. ¿Y adónde vamos ahora?
–Pues eso iba a preguntaros –dice Jorge–. ¿Queréis ir a nuestra Central o preferís descansar un rato?
–A mí me gustaría descansar un poco –dice Estela–. Estoy *agotada*, y no dormí durante el viaje, no como algunos…
–De acuerdo, os llevaremos entonces a vuestro hotel para que descanséis un poco. Yo os acompañaré durante vuestra estancia en Buenos Aires; trabajaremos en estrecha colaboración.
–¡Ah, qué bien! –exclama Estela.
Luis se siente irritado. Le parece que Estela presta mucha más atención a Jorge de la que le suele prestar a él.

ÜBUNG 82 !

Übung 82: Übersetzen Sie die folgenden Sätze ins Deutsche!

1. Gracias por la información.

____

2. El 9 de julio se celebra la Independencia.

____

3. La Avenida 9 de Julio es la avenida más ancha del mundo.

____

4. No tenemos ninguna prueba contra ellos.

5. La Avenida de Mayo es más grande que la Gran Vía.

6. Alberto está muy *orgulloso* de su ciudad.

Capítulo 8: El Tigre ataca

Alberto lleva a Luis y Estela a un hotel en la Avenida Belgrano, cerca del cruce con la Avenida 9 de Julio.

–Bueno, Jorge les llamará en un par de horas, tenemos que *elaborar* un *plan de acción* para encontrar a Marcelo y sus *secuaces*. Que descansen.

–Gracias, Alberto –dice Estela.

Un recepcionista, vestido con camisa blanca y chaleco negro, les espera de pie:

–Buenas tardes.

–Buenas tardes, tenemos una *reserva* en el hotel.

–¿A nombre de quién?

–Estela Bonavente Torres.

–Y Luis Toledo Sánchez.

–Muy bien, ¿dos habitaciones individuales o una doble?

Luis sonríe. Va a decir "una doble" pero Estela se adelanta:

–Dos individuales, por favor.

Nada más llegar a su habitación, Estela se quita los zapatos y se mete en la cama. No sabe si podrá dormir, ya que no puede dejar de pensar en el caso.

ÜBUNG 83

Übung 83: Wie lauten die folgenden Ausdrücke? Setzen Sie das passende Verb ein!
(dormir, peinarse, cruzar, abrir, ponerse, declarar, fundar, hacer, reservar, prestar)

1. __________ atención
2. __________ una habitación
3. __________ una ciudad
4. __________ la independencia
5. __________ la calle
6. __________ una ventana
7. __________ un viaje
8. __________ un abrigo
9. __________ el pelo
10. __________ una siesta

"¿Robó Marcelo los virus? Y si lo hizo, ¿para qué? ¿Para un plan de esa misteriosa organización de los 'Guerreros del Honor'? ¿Y qué ocurrió con Lu Fong? ¿Está colaborando con los *secuaces* del Tigre? Si es así, ¿con qué motivo? ¿Por dinero?". Todo le parece muy extraño. No está segura de que ella y Luis puedan ayudar en algo a la policía argentina. No sabe si tiene sentido haber venido a este país y comienza a sentirse algo *malhumorada*. De repente suena el teléfono del hotel.

ÜBUNG 84

Übung 84: Lesen Sie weiter und setzen Sie die acht fehlenden Akzente ein!

"¿Quien podra ser?", se pregunta Estela. "¿Quizas Luis se aburre en su habitacion y quiere proponerme algo? ¿O sera Jorge quizas?"
Estela coge el *auricular* y pregunta a la manera argentina:
–¿*Alo*? ¿Quien es?

Una voz desconocida, *sigilosa* y agresiva, contesta:
–Señorita Estela Bonavente, por su propio bien, *regrese* a España cuanto antes y no se meta en los asuntos internos de Argentina.
Estela se *sobresalta*:

–¿Sí? ¿Quién es usted? –pregunta Estela, mientras rápidamente escribe un mensaje en su móvil al número de Jorge Agostini: "Recibo llamada en habitación 303. Localizar".
–Eso no le importa. A usted no se le ha perdido nada en Buenos Aires. Tome el avión de vuelta si no quiere que su mamá tenga que *lamentarse*.
Estela intenta que su *interlocutor* siga hablando para dar tiempo a los colegas de Jorge a localizar la llamada:
–¿Pero quién es usted? ¿Es usted Marcelo García?
Estela espera, parece su *interlocutor* que va a *colgar* pero finalmente dice:
–No, no soy Marcelo. Váyase de Buenos Aires si no quiere *regresar* a Argentina en un bonito *ataúd*.
–Espere un momento... ¿Por qué...?
Un *pitido* en el teléfono le señala a Estela que su *amenazante interlocutor* ha *colgado*. Enseguida llama al móvil de Jorge Agostini.
–Hola, Jorge, ¿os dio tiempo a localizar la llamada? –Estela pregunta con desesperación.
–Espera un momento, Estela... ¡Sí! Está en la Avenidad del Libertador, cerca de una de las entradas a los Bosques de Palermo.
–¿Qué hacemos? –pregunta Estela, algo *tensa*.
–Yo me dirijo allí con varios de mis hombres, Alberto está de camino a su hotel, esperadlo en la puerta del hotel Luis y tú. Yo avisaré ahora mismo a Luis por teléfono.
–De acuerdo, Jorge, hasta ahora.
–¡Date prisa!

Übung 85: Setzen Sie das passende Wort in die Lücke ein!
(colgó, llamar, auricular, responde, pitido, marcar)

1. Se enfadó y ____________ el teléfono.
2. Había problemas en la línea y se oyó un ____________ desagradable.
3. Se asustó tanto que se le cayó el ____________ de la mano.
4. Tengo que ____________ a mi madre.
5. Tienes que ____________ ese número en caso de urgencia.
6. Cuando está cansada, ella no ____________ al teléfono.

Estela sale rápidamente de su habitación y llama al ascensor, pero éste tarda mucho en llegar, y Estela decide bajar corriendo las escaleras. Cuando llega a la puerta no hay nadie. Estela piensa que Alberto y Luis se han ido sin ella. Entonces pregunta al joven de recepción:
–Disculpe, ¿ha visto a mi compañero Luis Toledo?
–No, supongo que está en su habitación, señorita –responde.
En ese momento llega Luis.
–Parece que soy yo siempre quien tiene que esperar –comenta Estela un poco molesta.
Entonces suena una *bocina* fuera. Es Alberto, que les espera en su coche frente al hotel.
–¡Venga, rápido, suban al auto! –les llama. Estela y Luis se *apresuran* a entrar en el coche de Alberto, quien les da dos piezas de ropa.
–Pónganse esto –dice.
–¿Pero adónde vamos? –pregunta Luis, asustado al ver que se trata de dos *chalecos antibalas*.

–Nunca se sabe de lo que es *capaz* la banda del Tigre.
Luis y Estela se colocan los *chalecos*.
–¿Dónde están los Bosques de Palermo? –pregunta Estela–. ¿Muy lejos de la ciudad?
–No, están cerca. Es un parque, el mayor de Buenos Aires, en el Barrio de Palermo.
Alberto pulsa un botón en su coche, que activa un *dispositivo de manos libres* para hablar con su colega Agostini:
–*Che*, Jorge, ¿dónde estás?
–Por la Avenida Casares, llegando a Libertadores.
–¿Viste algún *sospechoso*?
–No, hasta ahora no. Deja el coche en la esquina de Casares con Libertadores, nos vemos allí.
Poco después Alberto y los agentes Luis y Estela llegan a la entrada del parque. Jorge Agostini les está esperando con tres agentes de policía:
–Nos han avisado que un grupo de personas con ropa militar están en un lugar del Parque de Palermo. Alberto, creo que tú puedes ir con los agentes Diego Hernández y Sergio Colocchini en dirección este y yo me acercaré por el oeste con el agente Ledesma y los agentes Toledo y Bonavente.
–¿Dónde está exactamente ese grupo? –pregunta Alberto.
–Las indicaciones son algo vagas. Nos han dicho que más allá del Jardín de los Poetas.
–¿Cuántos son?
–Entre cinco y siete –dice Jorge.
–¿No sería mejor esperar *refuerzos*? –pregunta Luis.
–Están de camino. Vamos a acercarnos sin que ellos se den cuenta.
–¡De acuerdo, qué haya suerte! –dice Alberto.
Jorge, Luis, Estela y Ledesma se ponen en camino. Empieza a atardecer y hay bastante gente en el parque. Parejas que dan un paseo

por el parque, matrimonios jóvenes que llevan a sus hijos en el carrito, otros van acompañados de perros y otros corren, van en patines, juegan al fútbol o practican otros deportes como bádminton o voleybol.

–Éste es el Jardín de los Poetas –dice el agente Ledesma–. Deben estar cerca de aquí.

ÜBUNG 86 !

Übung 86: Lesen Sie weiter und unterstreichen Sie die richtige Variante!

(1.) Los/Unos agentes miran a todos lados, por si (2.) unos/los *sospechosos* se hubieran escondido. Estela no puede evitar mirar (3.) el/un momento asombrada (4.) unas/las estatuas de poetas y dramaturgos famosos: William Shakespeare, Dante Alighieri, Federico García Lorca, Antonio Machado, Alfonsina Storni…

(5.) La/El agente Ledesma señala (6.) unas/unos metros adelante, a (7.) el/un grupo de gente.

–Mirad, quizás son ellos.

Un grupo de unas diez personas, vestidos con *cazadoras* militares, parecen conversar muy animadamente. La mayoría llevan gorros de lana o máscaras, y otros llevan gafas de sol.

–Son los "Guerreros del Honor" –afirma Jorge–. Mirad lo que llevan en el brazo, la *insignia* de su jefe.

Los hombres llevan unos *brazaletes* a rayas, como de piel de tigre.

–Vamos a acercarnos con cuidado –dice Ledesma.

Los agentes empiezan a avanzar despacio.

En el grupo, uno de ellos les ha visto y avisa a los otros. De repente, suena un disparo, y una bala *impacta* en un árbol, a pocos centímetros de la cabeza de Estela.

–¡Al suelo! –grita Jorge, y se arroja al suelo junto a Estela, Luis y Ledesma–. ¡Detrás de esos *matorrales*!
Desde el grupo hacen otros disparos. De repente empiezan a disparar desde otro lado: Alberto y su grupo han llegado. Caen dos de la banda, y los demás *huyen*.
–¡*A por ellos*! ¡No hay que dejar que escapen! –grita Jorge, se levanta y echa a correr tras ellos. Uno de los Guerreros, un hombre delgado que lleva una máscara, se detiene y dispara. Jorge cae al suelo.
–¡Ahhh! –grita con *angustioso* dolor.
–¡Jorge! –grita Estela.
–¡No os mováis! –grita Jorge desde el suelo, pero Luis ya se ha levantado y echa a correr tras el *autor* del disparo.
–¡*Alto* o disparo! –grita Luis.
El *enmascarado* corre por el parque, pero no encuentra salida. De repente se *topa con* Alberto, Diego Hernández y Sergio Colocchini. Va a disparar pero entonces recibe un disparo en la pierna y cae al suelo. Luis se *lanza* sobre él. El *enmascarado* forcejea y le da un *puñetazo,* pero Luis consigue *dominarle* y le quita la máscara.
–¡Estela! ¡Ven!
Estela llega junto al *detenido*.
–¡Es Marcelo!

Übung 87: Welches Wort ist das „schwarze Schaf“?

! ÜBUNG 87

1. actual, activo, abrupto, actor, absoluto
2. disparar, pegar, golpear, agredir, correr
3. tenis, fútbol, paseo, voleybol, bádminton
4. estatua, calle, avenida, plaza, parque
5. porteño, chino, londinense, neoyorquino, barcelonés

Marcelo es *esposado* y encerrado en una *furgoneta* de la policía. Mientras, una ambulancia ha venido para atender a Jorge. Afortunadamente no es grave, pero el disparo le ha hecho una gran herida en el brazo y no podrá participar en más acciones de este tipo durante un tiempo.

Horas después, Estela y Luis llegan para *interrogar* a Marcelo, que está sentado en una *celda* y parece concentrado en sus pensamientos.

–Por fin podemos vernos las caras, Marcelo –empieza Luis–. Fuimos a tu casa en Madrid, pero no estabas y tuvimos que venir a buscarte a Buenos Aires.

–¿Qué quieren de mí? –pregunta Marcelo, con voz agresiva.

Estela toma la palabra:

–Sólo queremos hacerte algunas preguntas. En el laboratorio de tu hermano hubo un robo muy grave, y tenemos que *interrogar* a todas las personas relacionadas con él. Supongo que tú querrás ayudarnos para que tu hermano no tenga problemas con la justicia, ¿no?

–¡*Me importan un rábano* mi hermano y sus experimentos! –grita Marcelo–. Me volví a mi país y ustedes vienen a *detenerme*, ¿qué se creen ustedes?

–Vamos a intentar ser algo lógicos –dice Luis–. ¿Qué relación tenías con ese grupo de *enmascarados* y por qué tenías un arma?

–Eso no le importa. Son camaradas de ideas, y llevamos armas para *protegernos*.

ÜBUNG 88 !

Übung 88: Unterstreichen Sie die korrekte Verbform!

–Pues tienen ustedes una extraña manera de entender la protección. El primer disparo (1.) salía/salió del grupo de sus amigos –comen-

ta Luis con voz agresiva y le mira a Marcelo directamente a los ojos. Marcelo no dice nada, mientras Estela reflexiona. Esa voz... Sí, está segura, (2.) fue/era la que le (3.) amenazaba/amenazó por teléfono.
–Marcelo –le dice–, ¿quién te (4.) daba/dio el número de mi habitación de hotel?
–¿Cómo? No entiendo *a* qué *se refiere*, señorita –contesta Marcelo.
–¿Cómo que no? Me (5.) dijiste/decías que si no volvía pronto a Madrid, *regresaría* en un bonito *ataúd*... Algo no muy *apetecible*, por muy bonito que sea el *ataúd*.
–¡Yo no (6.) hablaba/hablé nunca antes con usted! ¡Y no pienso decir nada más hasta que no esté en presencia de mi *abogado*!

–Como quieras, Marcelo –dice Estela–. Una curiosidad, ¿qué quiere decir ese *brazalete* que llevas, que parece de piel de tigre?
–¿Se está burlando de mí? –pregunta Marcelo.
–Marcelo –dice Luis–, no me interesan tus ideas políticas, pero abriste fuego contra un agente de policía y eso supone como mínimo diez años de cárcel. ¿No sería mejor que colaborases con nosotros? Esto podría ayudarte a reducir tu condena.
Marcelo dirige una mirada de desprecio a Luis:

Übung 89: Setzen Sie die Wörter in Klammern in die Lücken ein!
(abogado, humor, prisión, honor, reflexionar, objetos personales)

–Lo que usted me propone sería propio de un hombre sin (1.) ____________. Quizás usted lo sea, pero un Guerrero como yo nunca aceptaría eso.

–Como quieras, Marcelo –dice Luis–. Por cierto, si nos dices donde te *alojabas* en Buenos Aires podrían traerte tus cosas a la (2.) ____________.

–A ustedes no les importa donde me *alojaba*.

–¿No quieres que te traigan tus (3.) ____________?

–¡Basta! ¡Déjenme solo! He dicho que sólo hablaré en presencia de mi (4.) ____________.

–Creo que ya es bastante por hoy, Luis. Dejemos a Marcelo descansar un poco y (5.) ____________. Quizás mañana esté de mejor (6.) ____________ para contestar a nuestras preguntas.

Estela y Luis se dirigen al hotel. Luis está de mal humor y no propone nada a Estela, despidiéndose con un tono algo frío:
–Buenas noches, Estela. Hasta mañana.
–Buenas noches, Luis. Que descanses –responde Estela, sorprendida y un poco decepcionada.

Capítulo 9: La sombra del Tigre

Al día siguiente por la mañana suena el teléfono de Estela.
–¿*Aló*?
–Buenos días, Estela. Veo que ya respondes al teléfono como en la Argentina.
–Hola, Jorge, ¿cómo estás? ¿Va mejor ese hombro?
–Sí, no ha sido tan grave. Oye, vosotros pensabais venir esta mañana para continuar el *interrogatorio* de Marcelo, ¿verdad?

Übung 90: Lesen Sie weiter und setzen Sie die Verben im Imperfekt oder Indefinido ein!

–Sí, ¿por qué? ¿Es ya demasiado tarde? Nosotros (1. querer) __________ ir dentro de una hora.

–Creo que ya no es necesario –dice Jorge con voz *sombría*.

–¿Por qué? ¿(2. confesar) __________ todo?

–No, al contrario. Ya no podrá confesar nada. Cuando un guardia (3. ir) ______________ a llamar esta mañana a Marcelo García, lo (4. encontrar) ______________ *ahorcado* en su *celda*. (5. Tener) ______________ anudado el cuello con las sábanas y (6. *colgar*) __________ del techo.

–¿(7. suicidarse) __________ ? –pregunta Estela, sorprendida.

–Es lo más probable, ya que (8. estar) __________ solo en su *celda* y nadie (9. poder) ________ entrar salvo los guardias.

–Qué extraño… Ayer parecía tan agresivo… No daba la impresión de ser alguien que pudiera suicidarse.
–Nunca se sabe.
–¿Y qué podemos hacer ahora?
–De momento creo que se pueden quedar ustedes en el hotel. Los médicos *forenses* van a realizar la autopsia de Marcelo para determinar si fue un suicidio.
–De acuerdo. Llámame en cuanto tengas noticias. Y que te mejores –añade Estela.
–Muchas gracias –dice Jorge.

Cuando *cuelga* el teléfono, Estela suspira: "Marcelo ya no le sirve a nadie", piensa. "Si se ha suicidado, es porque tiene que haber algo muy importante que no quería que se descubriera. Y si no se trata de un suicidio…, entonces otra persona se *aseguró* de que Marcelo no tuviera la posibilidad de revelar un secreto". Estela siente que tiene hambre y suspira optimista. Al fin una mañana en la que puede desayunar con tranquilidad, piensa. Decide encargar el desayuno en la habitación.

Poco después llega una muchacha alta con el pelo castaño y largo:
–Buenos días. Aquí le traigo su desayuno.
Estela sonríe al ver en la bandeja tostadas con mantequilla, café con leche, zumo de naranja y una *ensaimada*. También hay una manzana, y junto a ella, ¡una carta!
–Perdone, ¿qué es esto? –pregunta Estela a la chica, que se iba ya.
–No sé, me la dieron en recepción, dijeron que había llegado esta mañana para usted y que se la trajera.
–Vale, muchas gracias.
Estela toca el sobre antes de abrirlo. ¿Y si fuera una *trampa*? Quizás al abrir el sobre se *disperse* algún gas venenoso… Estela abre el maletín que le entregó Ignacio y saca un pequeño aparato láser, sobre el que coloca la carta. *Comprueba* que no hay peligro y abre la carta, aunque su contenido no es nada tranquilizador:

"Tengo lo que está usted buscando. Estoy dispuesto a negociar. Venga a la *finca* 'El Torío', cerca de la Villa del Totoral, en la provincia de Córdoba. No intente engañarme. Mis amigos son poderosos y están en todas partes: en la policía, en el gobierno y donde usted menos lo espere. No me gustaría que una chica tan guapa terminara sus días como Marcelo. Venga sola y trataremos de lo que le interesa. Hasta pronto. El Tigre."

Übung 91: Ordnen Sie den Wörtern die richtige Übersetzung zu!

1. ☐ Regierung	a) ataúd
2. ☐ betrügen	b) informe
3. ☐ verhandeln	c) sobre
4. ☐ erhängen	d) gobierno
5. ☐ bedrohen	e) amenazar
6. ☐ Sarg	f) negociar
7. ☐ Umschlag	g) ahorcar
8. ☐ Bericht	h) engañar

Tras leer la carta, Estela se siente algo nerviosa. ¿Qué hacer? Decide ir a la habitación de Luis. *Llama a su puerta* suavemente. Luis tarda algo en contestar:

–Luis… ¿Puedes abrirme? ¿O estás dormido?

–¡No! Espera un momento…

Luis le abre la puerta.

–Me estaba *afeitando*, perdona que tardase en abrirte –dice Luis.

–Ah, pensaba que estabas durmiendo –bromea Estela.

–¿Qué pasa? ¿Vamos ya a la Central de Buenos Aires?

–Jorge me ha llamado. Han encontrado muerto a Marcelo.

–¿Cómo? –pregunta Luis.

–No se sabe, están haciendo la autopsia. Por otra parte, yo he recibido una carta… Toma, a ver qué te parece.

Luis lee la carta. Cuando termina, *frunce el ceño*:

–Parece peligroso. No sé si deberías ir. Podría ir yo en tu lugar.

A Estela le sorprende agradablemente el valiente ofrecimiento de Luis, pero se niega:

–No sé si es buena idea. Por alguna razón me ha elegido a mí. Dice: "tengo lo que usted está buscando". Creo que *se refiere a* los virus. Pienso que conviene hablar con él y ver qué pide a cambio.

–Como quieras. ¿Sabes cómo llegar a ese sitio?
–No. Creo que preguntaré a Jorge.
–De acuerdo, vamos entonces a verlo.
Cuando llegan a la Central, Jorge sale a recibirlos. Lleva el brazo *escayolado*, y sonríe al ver a Estela.
–Al final habéis venido. Pero ya le dije, hasta que no hagan la autopsia no sabemos qué pasos seguir.
–No era por eso –dice Estela–. El Tigre me ha escrito una carta.
Jorge *abre los ojos como platos*.
–¿Es cierto? Eso es muy extraño. ¿Estás segura de que es él? Es un hombre muy misterioso, de hecho no se conoce su identidad real.
–Pues quizás vaya a descubrirla yo –dice Estela, y le pasa la carta a Jorge, quien la lee y luego reflexiona:
–Necesitamos fijar un plan. Un momento…
Jorge se marcha y vuelve al cabo de unos minutos. En las manos lleva un collar de perlas con un *rubí* en el centro:
–Estela, esto es para ti.
Estela se *sobresalta* y se pone colorada como un tomate:
–Pero, ¿qué quiere decir esto, Jorge? ¿Crees que ahora es el mejor momento?
Luis se ha quedado con la boca abierta y no sabe qué decir, pero Jorge les saca de su error:

ÜBUNG 92 !

Übung 92: Lesen Sie weiter und setzen Sie das passende Wort ein!
(peligro, collar, apretar, ayuda, pantalla, pasa)

–Este (1.) ____________ contiene dentro del *rubí* un *transmisor* con una señal por la cual podemos tener siempre localizado a quien lo lleva. Mirad –Jorge les señala una (2.) ____________ con un mapa de Buenos Aires en el que aparece una luz roja–, el mapa se puede ampliar y reducir, y es válido para toda Argentina y Uruguay. A ver qué tal te queda…

Jorge (3.) ___________ el collar a Estela y ella se lo pone. Luis comenta:

–Te queda muy bien.

–En caso de (4.) ___________, si necesitas (5.) ___________, tienes que (6.) ___________ el *rubí* y sonará una alarma en este aparato –dice Jorge, señalando la *pantalla*.

–De acuerdo –dice Estela–. ¿Y cómo voy a la *finca* "El Torío"?
–Tomarás el avión a Córdoba. En el aeropuerto tomarás un *todoterreno* con un GPS. Nosotros te seguiremos a cierta distancia, para poder intervenir en caso de riesgo.
–De acuerdo. ¿Cuándo nos ponemos en marcha?
–Creo que será mejor dejarlo para mañana, para que yo coordine la acción con mis agentes –dice Jorge.

Übung 93: Welche Gegenteile gehören zusammen? Ordnen Sie zu!

ÜBUNG 93 !

1. ☐ preguntar	a) encontrar
2. ☐ aparecer	b) regresar
3. ☐ abrir	c) acercar
4. ☐ saber	d) empezar
5. ☐ ampliar	e) cerrar
6. ☐ terminar	f) ignorar

7. ☐ alejar — g) reducir
8. ☐ marchar — h) desaparecer
9. ☐ buscar — i) responder

Esa tarde Estela está en el hotel. Enciende su pequeño *ordenador portátil* para consultar el *correo electrónico*; sólo tiene un mensaje, pero de un *remitente* desconocido: "Marta quiere hablar con usted". En el correo se pide *autorización* para incluir a Estela en un *programa de mensajería instantáneo*. "¿Quién será?" se pregunta Estela. Pulsa ACEPTAR. Entre sus contactos aparece una Marta como conectada, y Estela *pincha* sobre su nombre y abre una ventana de conversación:

–¿Quién es? –pregunta.

–Mi nombre exacto no importa, puede llamarme Marta.

–¿Por qué me ha escrito? –pregunta Estela.

–Es a causa del Tigre.

–¿Sí? ¿Qué ocurre?

–A causa del Tigre y de Marcelo.

–¿Qué tiene que ver usted con ellos?

–Yo era muy amiga de Marcelo.

–Siento mucho lo que ocurrió, Marta.

–Han dicho que se suicidó, pero no es verdad.

–¿Cómo lo sabe?

–Marcelo nunca se suicidaría. Él y yo…

–Dígame.

–Íbamos a casarnos, cuando el Tigre triunfara…

–¿*A* qué *se refiere*?

–Cuando el Tigre *mandase* en Argentina, Marcelo volvería a ser un hombre poderoso y respetado. Me prometió que entonces nos casaríamos.

–¿*A* qué *se refiere* con que el Tigre *mandaría* en Argentina?

–Él piensa que va a *mandar*, pero yo ya no creo en él. Me ha *traicionado*, nos ha *traicionado* a los dos... Él *mandó* matar a Marcelo –sigue leyendo Estela.

–¿Cómo? Él estaba solo en su *celda*.

–Él tiene gente *infiltrada* en todos los sitios: en la policía, en el ejército, en los partidos políticos, en el gobierno...

–¿Usted *forma parte* de los "Guerreros del Honor"?

–Sí... al menos oficialmente, soy una Guerrera. Pero ya no quiero nada con el Tigre, ni con sus planes. Sólo le importa el poder, y yo ya no quiero ayudarle.

–Pero, ¿cuáles son sus planes? –pregunta Estela.

–Él tiene en sus manos un virus muy poderoso. Piensa provocar una gran epidemia en Buenos Aires soltando el virus en las *depuradoras* de agua...

–Pero eso causaría cientos de miles de muertos...

–La idea no es nueva. No es el primero que piensa en un plan así para llegar al poder mediante el terror, pero el Tigre ya lo tiene todo preparado: gente de la prensa pagada, que culpará al gobierno de la epidemia con pruebas falsas; entonces, el Tigre dará un *golpe de Estado*, junto a dos generales que le son fieles.

–Pero el pueblo argentino no permitiría eso...

–Con una epidemia tan mortífera, lo más importante sería salvar las vidas. El Tigre estaría *vacunado* y ofrecería la *vacuna* contra el virus. Él está seguro de que tendrá éxito.

–Pero él me dijo que estaba dispuesto a negociar.

–Por eso quería hablar con usted. No se fíe de su palabra. Tenga cuidado.

–¿Puede ser más clara?

–No. Ya le he dicho todo lo que sé.

–¿Cómo consiguió usted mi dirección de *correo electrónico*?

–No puedo decírselo. Lo siento. Le deseo mucha suerte.

Muchas vidas dependen de usted.
Estela va a contestar a Marta, pero ésta aparece ya como "no conectada".
Estela, con cara de preocupación, comienza a preparar un pequeño bolso de viaje. Luego toma una cena ligera en el hotel y lee un rato en la cama, antes de acostarse.

ÜBUNG 94

Übung 94: Welche Aussagen sind richtig? Markieren Sie mit richtig ✔ oder falsch – !

1. Marta es la viuda de Marcelo. ☐
2. Marta y Estela conversan por internet. ☐
3. Marta cree que Marcelo fue asesinado. ☐
4. Marta ha abandonado la banda de los "Guerreros del Honor". ☐
5. Nadie había pensado en provocar una epidemia para tomar el poder. ☐
6. Hay seguidores del Tigre en la policía argentina. ☐

Capítulo 10: Duelo en La Pampa

Al día siguiente, temprano, Alberto Giacomi recoge a Estela y a Luis en el hotel, y los conduce al aeropuerto Jorge Newbery, donde toman un avión a Córdoba, la segunda ciudad más importante de Argentina.
El avión *aterriza* sobre una *pista de aterrizaje* reservada del aeropuerto de Córdoba. En un *todoterreno* verde les está esperando Jorge.
–A partir de ahora estás tú sola –el colega argentino le dice a

Estela–. Ten mucho cuidado.

Estela se despide con un abrazo de Jorge y de Luis y entra en el coche. Programa en el GPS "*Finca* El Torío" y *arranca* el motor. El navegador le indica que su destino está a unos cien kilómetros. Estela duda si poner algo de música, pero *rechaza* la idea, ya que debe concentrarse en su próximo encuentro con el misterioso Tigre.

Übung 95: Lesen Sie weiter und übersetzen Sie die Wörter in Klammern!

Una hora y media después, el GPS le indica que gire a la derecha. Ve un (1. Schild) ____________ que indica "El Torío" y se adentra por un camino de tierra. Tiene que (2. fahren) ____________ despacio, ya que el camino es malo y está lleno de piedras. Unos cientos de metros después tiene que (3. bremsen) ________________ . Una *furgoneta* está parada frente a ella. Dos hombres *corpulentos*, vestidos con ropa militar y (4. Sonnenbrille) ____________, salen del coche. –¡Baje del coche! –dice uno de ellos, con (5. Stimme) ____________ agresiva.

–(6. Ich suche) ____________ al Tigre –dice Estela.

–Nosotros le llevaremos a él. Bájese del coche.

–De acuerdo –dice Estela.

Estela (7. parkt) ____________ el jeep al margen del camino, sale y se acerca a la *furgoneta* de los dos guardias. Uno de ellos rápidamente se le echa encima y le (8. nimmt weg) ____________

el revólver que Estela lleva a la cintura.

–Vaya, *preciosa*, parece que no te fias del Tigre, ¿no? Eso está muy mal, pero mejor no se lo decimos, no quieras que se enfade.
Estela, colorada de rabia, se *muerde el labio* sin decir nada y entra en la *furgoneta* de los dos guardianes, o más bien gorilas, según le parece a ella.
La *furgoneta* se adentra por un camino cada vez más *pedregoso*, y llega finalmente a una pequeña casa de campo.
–Aquí es –dice uno de los gorilas al tiempo que frena–. *Podés* bajar.
Estela, algo *intimidada*, camina hasta la puerta, que uno de los guardias le abre. Seguidamente entran los dos guardias y se colocan detrás de ella.
Ante ella se encuentra un hombre con pelo gris peinado hacia atrás, pantalón blanco y chaqueta azul.
–¿Es usted El Tigre? –pregunta Estela.
–Así me llaman –dice él, sonriendo–. No parezco tan *fiero*, *pensás,* ¿no?
Estela no contesta a la pregunta y habla en tono decidido:
–No era necesario que me *mandara* a sus amigos. Yo sola podría haber llegado a su casa. Prefiero que no estén presentes en la conversación.
–¿No le parecen simpáticos mis amigos guardias? –pregunta El Tigre sonriendo con ironía–. Como querás. Luque, Facundo, déjennos solos.
Los dos guardianes inclinan la cabeza y se marchan. Estela los observa, y de nuevo piensa que parecen dos auténticos gorilas.
–Usted dijo que tiene lo que estoy buscando y que está dispuesto a

negociar. *¿A* qué *se refiere*?

–Vós lo *sabés* perfectamente, no hace falta jugar –dice El Tigre, que toma una botella de whisky y se sirve un vaso–. Ahí *tenés* lo que *buscás* –dice, señalando un maletín de cuero negro–. *Podés* abrirlo, no hay peligro.

Estela abre el maletín cuidadosamente. Dentro hay una gran cantidad de botes herméticamente cerrados.

–Son los virus –explica El Tigre–. *Podés* contarlos, están todos.

–Pero no sólo estoy buscando los virus... –dice Estela.

El Tigre sonríe:

–Ya entiendo. ¡Luque, Facundo!

Los dos gorilas *regresan*:

–¿Sí, mi señor?

–Traigan al *sabelotodo*.

–¡Sí, señor!

Poco después aparecen Luque y Facundo *escoltando* a un muchacho chino delgado y con gafas. Estela reconoce enseguida a Lu Fong, que parece muy cansado.

–Como le dije, quiero hacer un trato –dice El Tigre–. Yo le devuelvo los virus y a su amigo chino, y ustedes, de la policía española, *renuncian* a perseguirme y marchan a su país.

–En principio me parece perfecto –dice Estela. Lu Fong en ese momento le dirige una mirada de angustia a Estela y parece querer decir algo, pero uno de los gorilas le aprieta una pistola contra la espalda y Lu Fong *renuncia* a decir nada.

–Pero no entiendo, ¿por qué este trato, cuando usted tenía todas las cartas en la mano?

–No vale la pena cometer una masacre así... He tenido el poder al alcance de mis manos y he *renunciado* a él, sin que nadie me obligue... ¿Puede haber algo con más grandeza? Es una sensación *indescriptible*... La historia hablará alguna vez de mi generosidad.

Comparado con esto, el poder casi no es nada…
Estela contempla asombrada al Tigre, preguntándose si le engaña o si es un loco, y no sabe qué responder.
–Muy bien. Pueden irse ya –dice entonces El Tigre, y luego, dirigiéndose a los guardias–. ¡Luque, Facundo, lleven a mis invitados a un lugar seguro!

! ÜBUNG 96

Übung 96: Lesen Sie weiter und ordnen Sie die Buchstaben in Klammern zu einem sinnvollen Wort!

Luque y Facundo llevan a Estela y Lu Fong a su (1. tegorufan) ____________, y les hacen sentarse en la parte trasera.

Lu Fong parece muy (2. rensoivo) ____________, y cuando la *furgoneta* se interna por un (3. maconi) ____________ diferente al que ella tomó para venir, Estela *intuye* que no les llevan a un lugar (4. osruge) ____________.

Estela se dirige entonces a uno de los (5. duragais) ____________:

–Eh, ¿dónde nos lleváis?

El más *corpulento* de los gorilas, con pelo algo (6. gorla) ____________ y cuello muy (7. rotco) ____________, se ríe, y pregunta a su (8. ñomracope) ____________:

–*Oí*, Facundo, ¿dónde los llevamos?
–Pues a un sitio seguro, Luque. ¿No lo dijo el jefe?
Estela empieza a ponerse nerviosa. Ella no va armada. Si aprieta el

ingenuo	naiv
insignia *f*	Abzeichen
interfono *m*	Sprechanlage
interlocutor/a *m, f*	Gesprächspartner(in)
intermitente *m*	Blinker
interrogar *v*	ausfragen, verhören
interrogatorio *m*	Verhör
intimidado	eingeschüchtert
intrigado	gespannt, neugierig
intuir *v irr*	ahnen
investigación *f*	Forschung; Ermittlung
ir *v irr* **al grano** *fig*	zur Sache kommen
itinerario *m*	Weg, Strecke
karateka *m, f*	Karatekämpfer(in)
(el) Kremlin *m*	(der) Kreml
ladrillo *m*	Backstein, Ziegel
lamentarse *v*	bedauern
lanzar *v*	geben, reichen; werfen
lanzarse *v*	sich stürzen (auf)
lástima *f*	Mitleid
letal	tödlich, letal
lirón *m, fig*	hier: Schlafmütze *fig;* Siebenschläfer
llamar *v* **a la puerta**	an die Tür klopfen
llamar *v* **la atención**	auffallen; aufmerksam machen
llamar *v* **por radio**	über Funk sprechen, eine Durchsage machen
llavero *m*	Schlüsselbund
logro *m*	Errungenschaft
lumbreras *m, f, fam*	sehr kluger Mensch
madrugar *v*	früh aufstehen
(darse un) madrugón *m, fam*	sehr früh aufstehen müssen
majo *fam*	nett, sympathisch; hübsch
malhumorado	schlecht gelaunt
malinterpretar *v*	missverstehen, falsch verstehen
mandar *v*	senden, schicken; herrschen; befehlen
mando *m*	hier: Führung, Steuer; Befehlsgewalt
manejar *v*	bedienen; fahren (Auto) *Arg*
manos libres *m*	Freisprechanlage
maquiavélico	machiavellistisch
marcha *f*	hier: Nachtleben; Gang, Marsch
matorral *m*	Gebüsch
matraz *m*, **matraces** *pl*	Kolben
medidas *f, pl* **de seguridad**	Sicherheitsmaßnahmen
¡Me importa un rábano! *fam*	Das ist mir egal!

merecer *v irr*	verdienen, gebühren
mina *f, Arg*	(hübsche) Frau
mirá *v, Arg*	schau mal (Imperativ)
molesto	unbehaglich
moño *m*	Haarknoten
morcilla *f*	Blutwurst
morder *v*	beißen
morderse *v* **el labio**	sich auf die Lippe beißen
mortal	tödlich
mostrador *m*	Schalter; Theke; Schaukasten
motocicleta *f*	Motorrad
motorista *m, f*	hier: Motorradfahrer(in); Kraftfahrer(in)
muerdo *m*	Biss
navaja *f*	Taschenmesser
no es preciso	es ist nicht notwendig
no me suena *fam*	das sagt mir nichts
obstaculizar *v*	(ver-, be-)hindern
obstáculo *m*	Hindernis
obtener *v irr*	erlangen
oí *v irr, Arg*	hör zu (Imperativ)
opositor/a *m, f*	hier: Anhänger(in) der Opposition; Gegner(in)
(ordenador) portátil *m*	Laptop
organismo *m* **público**	öffentliche Behörde
órganos *m, pl* **vitales**	lebenswichtige Organe
orgulloso	stolz
palabra *f* **malsonante**	Schimpfwort
paliza *f*	Prügel
palma *f*	hier: Handfläche; Palme
pancarta *f*	Plakat, Transparent
panceta *f*	durchwachsener Schweinespeck
pantalla *f*	Bildschirm
papel *m*	Papier; Rolle
papelera *f*	Papierkorb
paradero *m*	Aufenthaltsort
patatas *f, pl* **bravas**	Kartoffeln mit scharfer Soße
payaso *m*	Clown
peaje *m*	Autobahngebühr
pedregoso	steinig
pendiente	unerledigt, offen
pensás *v irr, Arg*	du denkst
percha *f*	hier: Kleiderhaken; -bügel
percibir *v*	wahrnehmen

pérdida *f*	Verlust
perjudicar *v*	benachteiligen; stören
permanecer *v irr*	verharren, bleiben
Perro ladrador, poco mordedor. *fig*	Hunde, die bellen, beißen nicht. *fig*
persecución *f*	Verfolgung
picardía *f*	Verschmitztheit
pilotar *v*	(ein Flugzeug) lenken, steuern
pinchar *v*	hier: klicken; stechen
piropo *m*	Kompliment
pista *f*	Spur, Bahn, Piste
pista *f* **de aterrizaje**	Landebahn
pitido *m*	Pfiff, Pfeifton
plan *m* **de acción**	Aktionsplan
plantear *v* **una pregunta**	eine Frage stellen
podés *v irr, Arg*	du kannst, du darfst
ponerse *v irr* **a la defensiva**	in die Defensive gehen
potente	hier: mit viel PS; kraftvoll
por encargo	im Auftrag
portazo *m*	Zuschlagen (einer Tür)
porteño/a *m, f, fam*	Bewohner(in) von Buenos Aires
portero *m* **automático**	Gegensprechanlage
precioso	wunderhübsch
precipitarse *v*	hier: stürmen; übereilen; stürzen
precipicio *m*	Abgrund
presentimiento *m*	(Vor-)Ahnung
presidencia *f*	Präsidentschaft
prestigio *m*	Prestige, Ansehen
pretender *v*	versuchen, anstreben
probar *v* **suerte**	auf gut Glück versuchen
probeta *f*	Reagenzglas
procesando búsqueda	Route wird berechnet (Navigationsgerät)
programa *m* **de mensajería instantánea**	Messenger-, Webprogramm
promesa *f*	Versprechen
prometedor	vielversprechend
protegerse *v*	sich schützen
protegido	geschützt
pulpo *m*	Krake, Oktopus
puñetazo *m*	Faustschlag
rechazar *v*	zurückweisen
recibo *m*	Quittung
recientemente	neuerlich, vor kurzem
recompensa *f*	Belohnung, Entschädigung

recompensar *v*	belohnen, entschädigen
referirse a *v irr*	sich beziehen auf
refrán *m*	Sprichwort, Sinnspruch
refuerzo *m*	Verstärkung
regar *v irr*	gießen
registrar *v*	durchsuchen
registro *m*	Durchsuchung; Datensatz
regresar *v*	zurückkehren
regreso *m*	Rückkehr
rehén *m, f*	Geisel
remitente *m, f*	Absender
rencilla *f*	Streiterei
rendirse *v irr*	aufgeben
reñir *v irr*	streiten
renunciar *v*	(etw.) verwerfen; verzichten; ablehnen
represión *f*	Unterdrückung
reserva *f*	hier: Buchung; Reservierung
residencia *f* **(universitaria)**	(Studenten-)Wohnheim
responsabilidad *f*	Verantwortung
resultado *m*	Ergebnis
revelación *f*	Offenbarung
ristra *f*	Zopf
rizado	lockig
rubí *m*	Rubin
rumbo *m*	Kurs, Richtung
sabelotodo *m, f, fam*	Besserwisser(in) *fam*
sabés *v, Arg*	du weißt
sacudir *v*	schütteln
sano y salvo	gesund und munter
secuaz *m, f,* **secuaces** *pl*	Anhänger(in); Scherge
secuestrar *v*	entführen
sepia *f*	Tintenfisch, Sepia
ser *v irr* **llamado a declarar**	(als Zeuge) berufen werden
servicios *m, pl* **secretos**	Geheimdienst
severidad *f*	Strenge
sigiloso	leise, lautlos; verschwiegen, geheim
sobrecogido	erschrocken, erstaunt
sobresaltarse *v*	sich erschrecken
sobrino/a *m, f*	Neffe, Nichte
sombrío	düster
someter *v*	unterziehen
sonámbulo/a *m, f*	Schlafwandler(in)
sonrojarse *v*	erröten
sospecha *f*	Vermutung

sospechar *v*	vermuten
sospechoso/a *m, f*	Verdächtige(r)
subordinado	untergeordnet, unterstellt
subrayar *v*	unterstreichen
sugerencia *f*	Empfehlung
supervisión *f*	Beaufsichtigung, Oberaufsicht
suspense *m*	Spannung
suspicaz	misstrauisch
tapar *v*	zudecken
temer *v*	(be)fürchten
temeroso	furchtsam, ängstlich
temor *m*	Furcht
tendencioso	voreingenommen
tener *v irr* **a alguien al corriente**	jmd. auf dem Laufenden halten
tener *v irr* **buena pinta** *fam*	lecker aussehen
tener *v irr* **fama**	einen Ruf haben
tener *v irr* **mucha cara** *fam*	frech sein
tenés *v, Arg*	du hast
tenso	(an)gespannt
teñir *v irr*	färben
timbre *m*	Klingel
titubear *v*	stottern
todoterreno *m*	Geländewagen
tomar *v* **a mal**	übel nehmen
tomar *v* **el pelo** *fam*	auf den Arm nehmen *fig*
tomar *v* **notas**	Notizen machen
toparse *v* **con alguien**	auf jmd. stoßen
tortura *f*	Folter
torturar *v*	foltern
traicionar *v*	verraten
trama *f*	Intrige; Verwicklung; Handlung
trámite *m*	(bürokratischer) Verfahrensweg
trampa *f*	Falle
tranquilizante *m*	Beruhigungsmittel
transmisor *m*	Sender
trayectoria *f*	hier: Lebensweg, Laufbahn; Weg
untar *v*	streichen, (ein-, be-)schmieren
vacuna *f*	Impfung
vacunar *v*	impfen
ventaja *f*	Vorteil
vigilante *m, f*	Wächter(in); Aufseher(in)
vigilar *v*	überwachen, beobachten
vos *Arg*	du
yacer *v irr*	liegen